自分の国は自分で守れ

「戦後政治」の終わり、
「新しい政治」の幕開け

大川隆法
RYUHO OKAWA

まえがき

つくづく、この国の政治は、嘘《うそ》と、政治家の国内的打算《ださん》で出来上がっていると思う。

北朝鮮の核・ミサイル危機の中、安倍首相は、国連でアフリカ諸国にまで協力を求めたが、今朝の新聞報道では、今月二十八日の臨時国会冒頭、所信表明直後に解散すると書いてある。

民進党のダッチロール、小池新党の準備が間に合わない時機を狙《ねら》いすまして、自らの「疑惑隠し解散」である。北朝鮮危機を争点《そうてん》とせず、煙幕《えんまく》として使って、選挙での勝ちだけを願う。そしてその争点は、「二〇一九年秋に8％から10％に上げる消費税の使途を、国の借金返済中心から幼児教育の無償化《むしょうか》などのバラまきに振りかえる」という、民進党の政策をパクッての事実上の「争点つぶしでの解散」である。
北朝鮮は、選挙期間を最も攻撃しやすい弱点と考えているのにである。「アメリカ単独で勝手にこの国を守ってくれ」と言っているに等しかろう。

二〇一七年　九月二十日

幸福《こうふく》の科学《かがく》グループ創始者兼総裁《そうししゃけんそうさい》
幸福実現党創立者兼総裁《こうふくじつげんとうそうりつしゃけんそうさい》
大川隆法《おおかわりゅうほう》

自分の国は自分で守れ　目次

第1章　あきらめない心

――だまさない政治を、国としてのあるべき姿を

二〇一七年九月三日　説法《せっぽう》
青森県弘前《ひろさき》市・ホテルニューキャッスルにて

第2章　自《みず》らを人財に育てるには

――正直な言葉の上に、この国の未来を築け

二〇一七年九月十七日　説法
愛《え》媛《ひめ》県新《に》居《い》浜《はま》市・リーガロイヤルホテル新居浜にて

第1章

あきらめない心

——だまさない政治を、国としてのあるべき姿を

二〇一七年九月三日　説法《せっぽう》

青森県弘前《ひろさき》市・ホテルニューキャッスルにて

1 「北朝鮮《きたちょうせん》・核《かく》実験」の一時間後、青森で講演

車での移動中に入ってきた「北朝鮮の核実験実施《じっし》のニュース」

青森県での説法《せっぽう》は、今回で三回目になります。

ここは「日本列島における本州の北の果て」です。東京などから来ても、現代の交通手段を使えば、それほど時間がかかるわけではないのですが、心理的距離《きょり》はわりあいあります。

幸福の科学は立宗《りっしゅう》してから約三十年なので、平均すると、私は十年に一回しか青森県に来ないことになります。そうすると、次に来るのは二〇二七年かもしれないので、お年を召《め》しておられる方は、もしかしたら、「天国にて拝聴《はいちょう》」という

かたちになるかもしれません（笑）（会場笑）。

今日（二〇一七年九月三日）は、短い時間ではありますが、何らかのかたちで、みなさまの参考になる話ができれば幸いかと思います。

今回は、北東北《きた》である、地元の青森県や秋田県、岩手県と、新潟県《にいがた》を衛星中継《ちゅうけい》でつないでの講演なので、比較的《ひかく》、東北的な内容の話を想定していたのですが、やはり、時代がそれを許さないところがあります。

講演の会場に来るために車で走っていると、〝津軽《つがる》晴れ〟というのかどうかは知りませんが、非常にいい天気でした。道路は広く、周囲に田畑が広がっていて、リンゴの果樹園もたくさん見え、リンゴが生《な》っている

本会場となったホテルニューキャッスルの様子（2017年9月3日）。

のも見えました。「こんな、のどかで平和な風景が、いつまでも続くといいのになあ」と思いながら、車に乗って走ってきていたのです。

ところが、途中《とちゅう》でニュースが入りました。早く会場に来た方は知らないかもしれませんが、十二時半ごろに北朝鮮《きたちょうせん》の東北部で核《かく》実験が行われ、菅官房長官《すがかんぼうちょうかん》が緊《きん》急《きゅう》会見をしました。

十二時半ごろに起きたのはマグニチュード6ぐらいの地震《じしん》ですが、菅官房長官は、記者会見で、「地震波から見るかぎり、この地震は人工的なものと推定されるので、核実験が実施《じっし》されたと思われる。詳《くわ》しいことはまだ調査中ではあるが、今、会合をしている」というようなことを言っていました。

北朝鮮《きたちょうせん》は、水爆《すいばく》を大陸間弾道《だんどう》ミサイルに搭載《とうさい》可能になった?

今回は地震の震源が深さ0キロメートルであり、地下核実験まで行《い》っていないレベルです。限りなく地上に近いところで行《おこな》っているので、「本当の破壊力《はかいりょく》を見たかったのではないか」と思います。

そして、十二時三十八分には、中国から、「二回目の地震波を感知した」という報道も流れてきました（注。二回目の地震は核実験ではなく、実験場所等の崩《ほう》落《らく》によるものと見られている）。

今朝《けさ》の朝鮮《ちょうせん》中央テレビによれば、金正恩《キムジョンウン》氏は核兵器の研究所に行ったようです。その放送では、「水爆《すいばく》を小型化し、ＩＣＢＭ、すなわち大陸間弾道《だんどう》ミサイルの弾頭に搭載《とうさい》して発射することが可能になった。もう、これで怖《こわ》いものは何もない」というようなことを伝えていました。

そして、今日のお昼に、核実験が行われたわけです。

当初は、「北朝鮮の建国記念日である九月九日あたりに核実験をやるのではないか」と予想されてはいたのですが、九月三日という、私が青森に来る日を選んで実験を行いました。「九月九日にやるのではないか」と思われていたので、（予想の裏をかいて）早めたのかもしれません。

八月は北朝鮮によるミサイル発射が少なく、一カ月ぐらい止まっていたのですが、東京の都心では、「八月の一カ月間のうち二十七日間が雨」という、まことに異常な天気でした。

雨が降っていると、故障が起きる可能性があるため、ミサイルを撃《う》たないのでしょうか。だからかもしれませんが、八月は、日本列島では雨がとても多かったのです。

ただ、少し前の八月二十六日に、日本海に向けて何発かミサイルを撃ち、さらに、二十九日に、ちょうどここ（青森県）の近くである津軽海峡《かいきょう》や北海道の上空を通過して、二千七百キロメートルぐらい弾道ミサイルが飛んだので、「やはり撃ったか」と感じました。

2　幸福実現党が八年間訴《うった》えてきたとおりの危機が

二〇〇九年、北朝鮮《きたちょうせん》のミサイルで旗揚《はたあ》げをした幸福実現党

ここで事実確認をしておきたいと思います。

二〇〇九年に幸福実現党を立党したのは、北朝鮮《きたちょうせん》のミサイルが日本列島越《ご》えをして飛んだ直後なのです（注。北朝鮮によるミサイル発射実験が行われたのは二〇〇九年四月五日、「幸福実現党宣言」が出たのは同年四月三十日、幸福実現党の立党は同年五月二十三日である）。

そのときの日本政府の対応を見ていて、「これは駄目《だめ》だ」と判断し、「とにかく意見を言わなくてはいけない」ということで、幸福実現党を立党したわけです。

宗教では、（死に臨《のぞ》んだりするに当たっては）とにかく「心静かに死のう」と言ったり、「南無阿弥陀仏《なむあみだぶつ》」や「南無妙法蓮華経《なむみょうほうれんげきょう》」などと言ったりするので、幸福の科学であれば、「南無正心法語《なむしょうしんほうご》」と言ってもいいことはいいのですが、多少なりとも事前に努力できることがあれば、それをしておくことは大事です。

政治のほうの動きが悪いのであれば、やはり、少しつつかなくてはいけません。そのため、われわれは、かなり無理は承知の上で、「国難来たれり」と思って旗揚《はたあ》げをしたのです。

北朝鮮は、二〇〇九年に日本列島越えのミサイルを撃《う》ったとき、「これは人工衛星の発射実験だ」と発

幸福実現党は 2009 年 5 月 23 日に立党。同月 27 日には、ホテルパシフィック東京で立党決起大会を行った。(左)『幸福実現党宣言』(幸福の科学出版刊)。

表していました。また、その前の一九九八年に日本列島越えで撃ったときにも、「観測用の人工衛星の発射実験だ」と言っていました。

そして、日本のテレビ局等も、「人工衛星の発射実験」とか、「謎《なぞ》の飛翔体《ひしょうたい》が飛んだ」とか、そんなことばかりを言っていたのです。

しかし、北朝鮮がミサイルの発射実験を行《おこな》っているのは明らかに分かっていたので、「これでは駄目だ。早く対応しなければ準備ができない」と私は思いました。

それで、宗教団体としては、まことに切ない、苦しい判断ではあったのですが、「幸福を実現するには、宗教としての考えや思いだけでは通じないものもあるので、この世的に考えなくてはならないこ

2009年４月５日、「人工衛星打ち上げ」と称して行われた長距離弾道ミサイル発射の映像。朝鮮中央テレビが公開。同月６日の内閣官房長官声明では、「北朝鮮から飛翔体が発射された」と発表された。

ともあるだろう。『具体的な事実をどうしていくか』ということはあるけれども、根本的なところでは、やはり、考え方や思想、哲学《てつがく》、宗教的信条から見て、『正義とは何か』ということ、あるいは、『世界的基準での正義や地球的レベルでの正義とは何か』ということを、もう一回、きちんと打ち立てなければ駄目だ」という観点から、私たちは活動を開始しました。

幸福実現党をほとんど報道しなかったマスコミ

しかし、当時の日本では、まだ「平和ボケ」が続いていたので、幸福実現党がとても突拍子《とっぴょうし》もないことを言っているように見えたらしいのです。

私たちは全国各地で活動しましたし、私も街宣《がいせん》や講演を数多く行いました。テレビ局や新聞社は、たくさん取材に来ていました。

ところが、全部を収録し、記録していながら、判で押《お》したように、それをどこも報道しなかったのです。カチッと協定を守っているような感じだったので、それは、おそらく、上層部のほうでの申し合わせなのではないかと思います。見事に報道しませんでした。

あのときに「国防のための政党を立ち上げた」ということには、「話題性がない」とは言えなかったと思います。当時、そういう判断をマスコミがしていれば、それから現在までの間に（準備をする）時間が八年間もあったのです。

しかし、「宗教が政治に介入《かいにゅう》するのは、よくないことだ」といった「政教分離《ぶんり》」の（誤った解釈《かいしゃく》の）考え方、すなわち、日本国憲法の下《もと》で戦後七十年続いた考え方があり、「これが正しい」と国民は教わっているので、「幸福実現党は、扱《あつか》わないほうがいいだろう」ということにされてしまいました。

そのため、私たちは、大変な費用をかけて活動したのですが、予想に反し、ほとんど報道されなかったため、予想外の結果に終わりました。

その後も、「意見は発信しているけれども、政治勢力としては十分な活動ができない」という状況《じょうきょう》が続いてきたのです。

私の予想どおり、消費増税によって失敗した「アベノミクス」

この二〇〇九年の衆院選の結果、こともあろうに、自民党から民主党（現・民進党）に政権が移りました。民主党政権は約三年間続きましたが、大震災《だいしんさい》は起こすわ、国防は弱めるわ、本当にいろいろなことをやって迷走《めいそう》し、また政権が自民党に交代しました。

そして、安倍《あべ》さんが再び首相になり、「アベノミクス」を推進しましたが、あれは、私が言っていたとおりのことをやっていたのです（注。幸福実現党の二〇〇九年当時の経済政策として、インフレ目標と大胆《だいたん》な金融緩和《きんゆうかんわ》、未来産業の育成、消費税の撤廃《てっぱい》などを掲《かか》げていた）。

ただ、私は、「上げたら失敗するから、消費税上げだけはするな」と言っていたのですが、どうしても、そこはつながらなかったようです。そのため、消費税率を五パーセントから八パーセントに上げた（二〇一四年四月）瞬間《しゅんかん》に「アベノミクス」は失速し、崩壊《ほうかい》しました。

（安倍政権は）大手のマスコミを押さえているため、「失敗」という記事や見出しは出ませんが、事実上、失敗しているので、最近は「アベノミクス」と言わなくなりました。まったく言わないでしょう？　それは失敗しているからです。

これは、もう、統計にはっきり出ています。消費税率を上げたため、「アベノミクス」は失敗し、税収が減ったのです（注。二〇一六年度の税収は七年ぶりに前年度を下回った）。幸福実現党が言っていたとおりなのです。

私は、「デフレから脱却《だっきゃく》し、経済が巡航《じゅんこう》速度で上がっていくようになり、余裕《よゆう》が出れば、消費税率を上げることも可能ではあるでしょう。しかし、デフレから脱却する前に消費税率を上げてしまったら、要するに、『金が欲《ほ》しい』と思って先に取りに入ったら、経済は浮上《ふじょう》しませんよ」という、当たり前のことを言っていたのです。

ノーベル経済学賞を取っている方で、それと同じことを言っていた方も二人ぐらいいたのですが、あとは私が言っていたのです。

財務官僚《かんりょう》は、「宗教家は経済の素人《しろうと》だ。自分たちのほうが専門家だ」と思ったのかもしれませんが、財務官僚よりも私のほうが国際金融や経済のことをよく分かっています。

なぜかというと、実際に仕事をしていたからです。(商社勤務時代に)現実にやっていたので、「地球規模での経済はどのように動くか」ということを、私はよく知っているのです。

財務省の国際局よりも、私のほうがはるかに詳《くわ》しく、間違《まちが》いはほとんどありません。宗教から発信しているのに、このようなことを言うのはたいへん失礼で、申し訳ないとは思いますが、そうした専門家の方々よりは、私のほうが実体経済をよく知っているのです。

マスコミの報道の基準は、いいかげんなもの

マスコミのほうも、「宗教が政治運動をしても、素人だから」という気持ちもあったのでしょうが、幸福実現党を報道しない理由として、「政党要件を満たしていない」という言い訳を出してきました。

政党要件とは、「所属国会議員が一人以上で、かつ、国政選挙での得票率が全国を通じて二パーセント以上」、あるいは「国会議員が五人以上」というものです（政党助成法）。

しかし、これは、実際には、補助金（政党交付金）を投入するための要件です。

要するに、政府が公党として認め、税金で援助《えんじょ》するための条件であって、「政党として活動しているかどうか」を見るための条件ではないのですが、マスコミはこれを持ち出してきて、幸福実現党を報道しない理由にしていました。

ところが、その後、大阪《おおさか》のほうの「日本維新《いしん》の会」については、母体となった「大阪維新の会」が政党要件を満たしていないころからマスコミは大々的に報道し、国会で多くの議席を取らせました。「地方自治から国政を揺《ゆ》さぶれるように」というかたちの応援をそうとうやって、マスコミは〝楽しんだ〟と思います。

政党要件を満たさない「都民ファーストの会」を報道するマスコミの欺瞞《ぎまん》

それから、東京のほうでは、去年（二〇一六年）、小池百合子《こいけゆりこ》氏が舛添要一《ますぞえよういち》氏に代わり、いわば〝棚《たな》ぼた式〟で都知事になりました。東京都知事選挙では、

「みなさん、緑色の服を着てくださいね」と言ったり、アメリカのドナルド・トランプ氏が大統領選で主張していた「アメリカ・ファースト」のまねをして、「都民ファースト」というフレーズを掲げたりして勝利したのです。

ただ、その中身はまったく分かりません。実績としては、「築地《つきじ》市場の豊洲《とよす》移転を一年間止めただけ」ということぐらいしかないのです。景気の回復を一年遅《おく》らせ、東京オリンピックの主要道路の建設を間に合わなくさせただけでしょう。

それにもかかわらず、今年（二〇一七年）の東京都議会議員選挙において、小池氏が率いる「都民ファーストの会」は第一党となり、小池氏の支持勢力と合わせて過半数を取りました。

しかし、「都民ファーストの会」は政党要件を満たしていません。これからつくろうとしているところでしょうが、報道は大々的にされていたので、「幸福実現党は政党要件を満たしていないから報道しない」というマスコミの言い分は

〝インチキ〟だということはよく分かります。要するに、「自分たちがつくりたいニュースを載《の》せようとしている」ということでしょう。

もちろん、本当の意味での、〝国の空気〟をつくっている責任者はいるのだろうとは思いますが、それは表面化しない状態が続いているということです。

今、ニュースで流れていることや新聞に載っていることを分析《ぶんせき》していけば、幸福の科学および幸福実現党がこの八年間言い続けてきたとおりになっています。

北朝鮮は〝人工衛星の実験〟をしているのでしょうか。人工衛星の打ち上げは核《かく》実験を伴《ともな》うものなのでしょうか。それは信じられないことです。

3 「金正恩《キムジョンウン》守護霊《しゅごれい》vs.トランプ守護霊霊言《れいげん》」の衝撃度《しょうげきど》

全国紙に幸福の科学の霊言集の広告が出せる理由

さて、昨日《きのう》（九月二日）は産経新聞、今日は毎日新聞に、『緊急守護霊《きんきゅうしゅごれい》インタビュー　金正恩《キムジョンウン》 vs. ドナルド・トランプ』（幸福の科学出版刊）の広告が載《の》っており、「世界が注目する北朝鮮《きたちょうせん》問題のトップ・シークレット。」という見出しが付いています。今、世間《せけん》の人々にとっては、彼らの本音が最も知りたいことだろうと思い、宗教的に取材をかけたわけです。

霊言《れいげん》のなかで、金正恩氏の守護霊は、「南北朝鮮を統一し、日米に戦いを仕掛《しか》ける」「アメリカの空母は、蜂《はち》の巣状態になるだろう」などと、強気の脅《おど》しをしていました。これは、「潜水艦《せんすいかん》からミサイル攻撃《こうげき》をする」ということでしょう。

一方、トランプ氏の守護霊のほうは、「核《かく》ICBMを使用し、北朝鮮の主要施設《しせつ》をすべて破壊《はかい》する」「私が決断すれば、三日で北朝鮮は消滅《しょうめつ》する」と、ここまで強気でした。

もちろん、この世的には遅《おく》れることもありますが、守護霊が述べている方向に進んでいくのが普通《ふつう》なので、だいたいの本音は探《さぐ》ったと思います。

9月2日付産経新聞と同月3日付毎日新聞に掲載された『緊急守護霊インタビュー 金正恩 vs. ドナルド・トランプ』(幸福の科学出版刊)の広告(上)には、「北朝鮮の主要施設をすべて破壊する」というトランプ氏守護霊の言葉が載っている。それと同様に、トランプ大統領は19日の国連総会の演説で、「北朝鮮を完全に破壊する」と語った(下：9月20日付産経新聞)。

　ただ、こういうものは、普通は新聞広告には載りません。日本には、一万人ぐらいの霊能者《れいのうしゃ》がいると思われるし、青森の恐山《おそれざん》には有名なイタコも存在するわけですが、〝イタコの大先生〟が金正恩氏の守護霊を呼んだり、トランプ氏の守護霊を呼んだりして、地元の方言で語られた霊言《れいげん》を収録し、印刷して発刊したとしても、残念ながら、なかなか読んではもらえないでしょうし、広告に載せるのも難しいでしょう。

　また、イギリスからメイ首相が来日し、東京や京都を訪問したばかりですが、今日の読売新聞の第四面には、『ダイアナ元皇太子妃《ひ》のスピリチュアル・メッセージ』（幸福の科学出版刊）の広告が載っています。メイ首相が来日している

9月3日付読売新聞に掲載された『ダイアナ元皇太子妃のスピリチュアル・メッセージ』（幸福の科学出版刊）の広告。

ときに、こういう本を出したわけです。

ダイアナ妃は、二十年前にフランスで交通事故に遭《あ》って亡《な》くなったのですが、やはり、誰《だれ》もが彼女の死の真相を疑問に思っていますし、最近では追悼《ついとう》特集もずいぶん放送されていました。

そういう意味で、本書もタイムリーに発刊したものですが、霊としては、いろいろなところから本を出そうと思えば出せるのかもしれません。ただ、たいていは信用がないために、本の広告は打てないと思います。

今、幸福の科学の霊言集はさまざまなところに広告が出ていますが、これはお金だけの問題ではなくて、「信用の問題」でもあるのです。

例えば、本講演の前に上映されたPR映像にもありましたが、私は三十数年間で二千二百書以上の著書を出し続けてきました。ギネスブックのレコードはとうに超《こ》えているので、この記録を抜《ぬ》ける人はいないレベルでしょう。ここまでやり続けているということが、真実性の証明にもなっているわけです。

将棋《しょうぎ》であれば、二十九連勝もすると大変な注目を集めますし、相撲《すもう》で通算千五十勝もすれば歴代一位になれます。本にしても、二千二百冊以上も出せば、これが普通ではないことぐらいは分かるでしょう。

また、八月三十一日に発刊した『緊急守護霊インタビュー　金正恩 vs. ドナルド・トランプ』（前掲《ぜんけい》）は、その二日前、二十九日の午前中に北朝鮮のミサイルが北海道上空を飛んだのを受け、その日の午後に幸福の科学総合本部で収録したものです。

要するに、収録の二日後には本が出ているということです。この速度で出版できるというのは普通ではありません。限りなく新聞に近い速度で出しています。

しかも、トランプ氏守護霊のほうは英語霊言だったため、日本語に翻訳《ほんやく》しなければなりません。英語部分を担当した幸福の科学国際本部の編集局では、徹夜《てつや》で翻訳して原稿《げんこう》をつくったのではないでしょうか。誤植があったりすると笑われるので必死にチェックし、一日で原稿をつくり終えて、すぐに印刷し、緊急出版したという状況《じょうきょう》です。

確かに、幸福の科学はよく緊急出版をしていますが、そうすると利益は消えていきます。普通は、本を製本して出すまでに少なくとも一週間はかかるので、一、二日ぐらいで出すと、経費がかさんで利益は吹《ふ》っ飛んでしまいます。儲《もう》からないのを覚悟《かくご》の上でやっている状態なのですが、それほど「ニュース性」があるため、あえて発刊しているわけです。

北朝鮮《きたちょうせん》ミサイルへの対策が後手《ごて》に回る日本の現状

ちなみに、『緊急守護霊インタビュー 金正恩vs.ドナルド・トランプ』のなかで、インタビュアーがトランプ氏の守護霊に、「アメリカが北朝鮮《きたちょうせん》に対して最終的な行動に出るに当たっては、何が最後の引き金になりますか」ということを訊《き》いています。すると、トランプ氏守護霊は、「次の核実験です」と答えていました。今、北朝鮮で核実験が行われたものとして分析《ぶんせき》中ではあるのですが、普通の地《じ》震波《しんは》でないことは分かっています。これに対しては中国までが怒《おこ》っているという状況です。

もっとも、九月九日の北朝鮮建国記念日には何らかのデモンストレーションが行われると考えられていたので、それに対する備えはしていたものとは思いますが、これを六日ほど早めた感じになります。

ただ、北朝鮮は、日本の役所が日曜日に休んでいることをよく知っているはずで、だからやっているところがあるのでしょうが、政府の対応はいつも間に合いません。Ｊアラート（全国瞬時《しゅんじ》警報システム）を鳴らされても、みな休んでいるので、どうしようもないのです。

なお、八月二十九日に北朝鮮のミサイルが飛んだあと、青森辺りの住民に取材をしたテレビ番組では、「『ミサイルが発射されたら堅固《けんご》な建物に入れ』と言われても、そんなところはどこにもありませんよ」と言う人がいたのですが、まあ、そうだろうとは思います。

もちろん、青森市内の中心街まで行くと、地方銀行の本店や日銀の支店等もあるので、そこに逃《に》げ込《こ》んで地下金庫に入れば、あるいは助かるかもしれません。

ただ、それ以外の場所を見渡《みわた》してみても、せいぜいリンゴの木の下ぐらいしか隠《かく》れるところがなく、避難《ひなん》はほぼ不可能だと思います。ミサイル着弾《ちゃくだん》までの四分間ぐらいで隠れられるわけがありません。しかたがないような状況で、今さらどうにもならないでしょう。

4　金正恩《キムジョンウン》の「離間《りかん》の策」に騙《だま》されるな

日米韓《にちべいかん》に心理作戦で揺《ゆ》さぶりをかける北朝鮮《きたちょうせん》

この問題については、今後いろいろな意見が錯綜《さくそう》してくると思うので、もう少し整理して、私なりの考えを述べておきたいと思います。

八月二十九日に北朝鮮《きたちょうせん》から発射されたミサイルは、日本越《ご》えをして、直接的な被害《ひがい》はなかったものの、ここ青森には三沢《みさわ》基地（米軍と航空自衛隊の共用）があるので、「三沢基地も狙《ねら》えるんだぞ」という意味も込《こ》めていただろうとは思います。

ただ、北朝鮮が真に狙っていることは何であるかを、よく考えてほしいのです。

本講演の前日（九月二日）に金正恩《キムジョンウン》氏が発表したとされる内容が新聞等に載《の》っていましたが、それを読むかぎりでは、要するに、日本に対しては、「日本列島越えのミサイル程度で騒《さわ》ぐな」ということを言いたいのだろうと思われるのです。「日本は北朝鮮に近い国なのだから、日本列島越えなんかで大騒ぎするな」ということでしょう。

それよりも、彼らにとって〝いけないこと〟というのは、例えば、アメリカの爆撃機《ばくげきき》と日本の自衛隊の航空機が共同訓練をしたり、あるいは、今のイージス艦《かん》によるミサイル迎撃《げいげき》だけでは足りないと見て、シーショア（海岸）沿いに陸地からミサイルを撃《う》ち落とすというイージスシステムを導入しようとしたりしていることです。

これに対し、あちら側は、「日本はそんなことをするな。それは、われわれに対する挑発《ちょうはつ》にしかすぎない」という感じで反発していました。

要するに、彼らの真意は何かと言うと、おそらく、「日米を分離《ぶんり》させたい」ということでしょう。「本来、日本などは相手にもしておらず、ミサイル実験でも日本越えをしているのに、日米同盟を守って日本がアメリカと共同で動くとなれば、日本を攻撃《こうげき》対象にしなければいけなくなるかもしれないから、アメリカと共同で動くのはやめろ」ということだろうと思います。

そして、アメリカに対しては、「アメリカ本土にも届くＩＣＢＭができ、今日は水爆の小型化もできて弾頭に付けられるようになった。これで、もう、アメリカにも直接攻撃ができる」ということを示しているのでしょう。

つまり、アメリカ本土が攻撃されるからではなく、「日本や韓国《かんこく》を守るため」という理由により、アメリカが北朝鮮を攻撃するというなら、アメリカ本土まで核《かく》攻撃の対象になるというわけです。

このように、彼らは、アメリカと、韓国や日本の間を分離させようとして、そういう心理作戦で〝揺《ゆ》さぶり〟をかけてきているということを、よく知らなければいけません。

米軍と共同防衛しないかぎり、今の日本は守れない

日本は、二〇〇九年の北朝鮮によるミサイル発射以降、この八年間の眠《ねむ》りのなかで何らの対策も打てていないので右往左往《うおうさおう》するとは思いますが、少なくとも、相手は、昔の戦略・戦術で言う「離間《りかん》の策」というものを使ってきています。これは、共同、同盟しているもの同士を仲違《なかたが》いさせようと謀《はか》ることです。

したがって、ここ青森に関して言うならば、向こうの手の内のとおりに乗せられて、「三沢基地があるから狙われるのだ。もしかしたら、核攻撃を受けるかもしれない。だから、『米軍ゴー・ホーム』運動をやれば、日本は平和になるのだ」という方向に向かってはいけないと思います。

日本独自で完全防衛ができるならともかく、今の段階ではできませんし、どのようにしても間に合うわけがないので、やはり、今は、米軍との共同防衛をお願いしないかぎり、この国は守れません。

そういうことで、左翼《さよく》の運動家のなかには、「米軍基地さえなければ、平和なのだ」とか、「原子力発電所さえなければ、狙われることはない」などと言っているような人がわりに多いと思いますが、もはや、その考えは甘《あま》いと言わざるをえないでしょう。

北朝鮮がやっていることを見てください。そういうところが、水爆実験までやって、さらには大陸間弾道弾を撃っているのです。以前は、「人工衛星」などと言って騙《だま》していたけれども、今は、「弾道ミサイルだ。アメリカも狙える」と、はっきり言っています。

八年前から私たちが言ってきたことは、すべて当たっているのです。これを聞かなかったところについては、やはり、多少なりとも反省をしてもらいたいと思っています。

5　日本経済を再生させるために必要なこと

消費増税は、なぜ日本経済にこれほどダメージを与《あた》えるのか

しかし、こうしたことが、なかなか分かってもらえません。

今回、前原誠司《まえはらせいじ》氏が再び党首になったようですが、旧民主党政権下の三年間は（日本にとってマイナスとなり）惜《お》しかったですし、民進党になってからも、考え方としては自民党の反対に行くと思われるので、やはり弱くなるのではないかという気はします。

また、消費税に関しても、八パーセントから十五パーセントぐらいにまで上げようかという話もあります。「消費税をこのくらいまで上げれば、老後の医療《いりょう》保

障や福祉《ふくし》ができる」などということですが、そんなことをしたら、日本の景気はさらに底まで落ちてしまいます。こんなのは駄目《だめ》です。「あとこのくらい税金が取れたら、老後の保障ができる」などというのは、机上《きじょう》の空論《くうろん》にすぎません。

消費税の〝最も怖《こわ》いところ〟は、取られるのが一回ではないところです。なぜなら、物というのは、「AさんからBさんが買い、BさんからCさんが買い、CさんからDさんが買う」というように、輾転《てんてん》としていくからです。

例えば、外国から木材を輸入しても、その輸入商は、次には木材の加工業者に売ることになります。つまり、輸入したときに税金がかかりますが、それが加工業者に移るときにも、また税金がかかるのです。そして、その業者が加工した木材を、家を建てる業者に売るときに、また消費税がかかり、家が建てば、その家を一般《いっぱん》の人に売るときに、また消費税がかかり、それを（事業者が）転売するときにも、また消費税がかかるというように、延々とかかっていくわけです。

このように、「消費税八パーセント」といっても、すべての工程にその八パーセントがかかっていくのであり、これが非常に大変なことなのです。要するに、これによって経済の回転速度が遅《おそ》くなり、動かなくなっていくのです。このあたりがいちばんの問題だと言えるでしょう。

また、「消費税」というネーミング自体も、日本にとってはあまりよくありません。日本人は、「消費は美徳」ということに対してなかなか納得《なっとく》がいかず、どうしても、「贅沢《ぜいたく》」という感じがあるわけです。「かまど消し」といいますか、かまどの火を消す「穀潰《ごくつぶ》し」のように見えるところがあるのです。

現在、日本国内の経済のうち、流通・消費部分の経済が全体の六十パーセントも占《し》めているので、ここに消費税をかけられると、日本の経済は本当に動かなくなっていきます。したがって、今、消費税を上げることは、絶対にしてはならないことなのです。民進党は、次の党代表として、消費税を上げる考えを持っている人を出してきているので、これは駄目です。そういうことをするのではなく、やはり、景気自体をもう一段上げることを考えるべきでしょう（注。その後、九月十八日の各報道で、安倍《あべ》首相が衆議院解散・総選挙を決断し、その大義名分《たいぎめいぶん》として、「二〇一九年十月に消費税を十パーセントに増税する収入の使途《しと》についての信を問う」を挙げている）。

高齢者《こうれいしゃ》を祝福できるような国へ

それから、やはり、高齢者《こうれいしゃ》は祝福されるべきであり、年を取った人が、「いられると迷惑《めいわく》だ」とか、「社会悪だ」とか、「早く死んでくれ」とか言われるような国は、絶対につくってはなりません。

これは知恵《ちえ》の問題です。お年寄りを尊敬する、尊重する文化をつくれば、共同体としての家制度もありますし、村や町の共同体、あるいは宗教の連帯等で、お互《たが》いに助け合うことは、もっともっと可能になります。

ですから、必ずしも都市化する必要などないのです。都市のように孤絶《こぜつ》した孤独老人のような人を大勢つくってはいけないのであり、「横の連帯」で助け合うことができれば、老後も安心ではないでしょうか。

また、医療のほうも、無駄なものがそうとうあるので、ただただお金をかければよいという問題ではありません。要するに、お金をかければかけるほど、子孫《しそん》に対して負担がかかると思って自殺するお年寄りもたくさん出てくる恐《おそ》れがあるので、これも、ほどほどにしなければいけないところがあるでしょう。

心のケアをして、「長生きをしてくれることはありがたいことだ」という気持ちを持ち、社会が温かい目でもって、年を取っている人を見守ると同時に、少しでも長く現役《げんえき》で働けるようなシステムをつくっていくことが大事なのです。

もちろん、そうしたことが難しい人もいるかとは思いますが、働ける人には、その体力や健康の状態に合わせて仕事ができるようにしていかなければならないということです。それを忘れてはいけないと思います。

経済を遅《おく》らせている大きな原因は「税制」と「規制」

経済の問題も非常に大事ですし、国防の問題も絡《から》んでいますが、私は基本的に、国が行うべき政治として、国でなければできないようなこと、あるいは、地方公共団体も含《ふく》め、公《おおやけ》でなければできないような仕事は、手を抜《ぬ》いてはいけないと思うのです。

例えば、「国防」というものは、個人では無理ですし、企業《きぎょう》だけでも無理です。これは、やはり、国が税金を使ってでも取り組まなければならない問題です。あるいは、「警察活動」も、国や地方公共団体でなければ無理であり、税金を使ってやらなければいけません。また、「消防活動」も必要です。さらに、洪水《こうずい》や台風のあとの「復旧作業」なども大変ですし、必ずしも儲《もう》かるものではなくても、行う必要があります。

こういう「最小限の部分」、「小さな政府でも絶対に残るもの」については、税金を使うことを惜しんではならないのです。

ただし、それ以外の部分は、もう少し自由化したほうがよいでしょう。

例えば、最近では、「獣医《じゅうい》学部をつくるかどうか」といった問題がありました。「文部科学省は、獣医学部の新設を五十年間認可していない」とのことですが、彼らに、「獣医が何人要《い》るか」など分かるわけがありません。単に「獣医学部を増やしたら、今いる獣医の収入が減る可能性がある」ということなのだと思います。

しかし、これには昔もあった、「薬局は、数百メートル以上離《はな》れていなければいけない」という決まりと似たようなものを感じるのです。あるいは、「銭湯《せんとう》は、〇〇メートル以上離れていなければいけない」とか、「理髪店《りはつ》は、〇〇メートル以上離れていなければいけない」とかいう決まりがありますが、これは「職業選《せん》択《たく》の自由」を奪《うば》っているのではないでしょうか。

一方、コンビニ業界を見ると、ローソンやセブン-イレブン、その他、たくさんのコンビニが、近いところで〝激戦〟を展開しています。ただ、その結果、内容がよくなり、お客様に必要なものを安く提供できるようになってきているわけで、これは悪いことではありません。競争によって店が潰れたとしても、店の名前が変わるだけで続いています。要するに、より強いところが生き残ることで、よいサービスを受けられるようになっているのです。

確かに、獣医学部の新設によって獣医が増えれば、「腕《うで》の悪い獣医」は転職しなければいけないでしょう。しかし、「腕のいい獣医」は流行《はや》ります。それだけのことなのです。あるいは、国として畜産《ちくさん》などを発展させようとしたら、むしろ獣医がもっと必要になるはずです。

　いずれにしても、「五十年間、新しい獣医学部をつくれない」などというのは、やはり、おかしいと思います。そうしたことのために役所を置いて税金をたくさん使っているのならば、「マイナスの経済効果を持っている」と言わざるをえません。

　幸福の科学は、「ハッピー・サイエンス・ユニバーシティ（ＨＳＵ）」を二〇一五年に開学しましたが、ここには国の発展に役立つ学問ばかりを組み込《こ》んであるにもかかわらず、大学設置の認可申請《しんせい》をした際、競争力がありすぎてほかの大学が潰れるせ

ハッピー・サイエンス・ユニバーシティ（ＨＳＵ）は、「幸福の探究と新文明の創造」を建学の精神とし、「人間幸福学部」「経営成功学部」「未来産業学部」「未来創造学部」の４学部からなる。千葉県長生村《ちょうせいむら》（左写真）と東京都江東区（右写真）にキャンパスがある。

いか、認可されませんでした。

例えば、私は、ＨＳＵに「経営成功学部」というものをつくりましたが、文科省は、「『成功』というのがよくない」と言うのです。「経営学部とか、経営政策学部とか、産業政策学部とかならいいけれども、『経営成功』としたら、人が集まるじゃないか。そうすると、ほかのところが潰れるから駄目だ！」というわけですが、これでは話になりません。また、「人間幸福学部」についても、「幸福になる義務が出てくるから、それは困る」などと言うのです。おそらく、「人間科学部」とかならいいのでしょう。

こうした、「名前が気に食わない」というところにまで口出しをしてきて止めるのを見ても、「新しいことは何もできない」という状態が、国でも地方公共団体でもたくさん起きているのだろうと思います。

やはり、基本的に、すべて自由化していかなくてはいけません。先ほど述べた、

「国でなければやれないもの」は別として、それ以外については、「自分たちで経営責任を取りなさい」というやり方が大事なのではないでしょうか。そうすることで、「スキルを磨《みが》き、よいサービスをしよう」という、生き残るための努力が必要になってくるわけです。

失敗した場合でも、「転職の自由」があるので、職業を替《か》えていけばよいと思います。それしか方法はないでしょう。同じ店でも、「潰れるところ」と「繁栄《はんえい》するところ」があるので、これはしかたがありません。そうしたなかで残っていくところは、やはり、多くの人に支持されたところだと思います。

要するに、「国の大事、あるいは国民の大事に関すること」は、税金を使ってきちんとやるべきだけれども、それ以外の仕事については、できるだけ規制をなくしていくべきです。形式だけ整っていれば通ることになっている「認可制」においても、実質上の「許可制」になっています。なかなか認可を下《お》ろさないことでもって、仕事をしているように見せているところがあるわけです。ここを変えなければ、全然進みません。税制と同様に、ここにも経済を遅《おく》らせている大きな原因があるのです。

ソ連邦《れんぽう》を崩壊《ほうかい》させた「レーガノミクス」

今、アメリカでは、ハリケーンによって経済損失が十二兆円近くも出るだろうと言われていますが、そのなかで、トランプ大統領は、「法人税を十五パーセントまで下げる」と言っていました。これはすごいことだと思います。その場合、計算上の税収はすぐに減りますが、減税によって企業が活発化して発展することで、結果的には全体の税収が増えるのです。

これは、「レーガノミクス」と同じでしょう。

私はちょうどレーガン大統領のときにアメリカで働いていたのですが、彼は、

「税率は上げすぎると税収が減り始めるが、税率を一定レベルまで下げると、むしろ税収が増えるところがあるのだ」ということで、税率を下げました。

その結果、アメリカを繁栄させ、同時にソ連邦《れんぽう》の解体までしてしまったのです。これは大きな事業でした。この経済政策によって、一人も死なせずにソ連邦を解体したわけです。

要するに、彼は、アメリカの国力を改善してもう一度強くしました。アメリカとソ連邦は軍事拡張競争をしていたのですが、アメリカが、「スターウォーズ計画」で、「宇宙からの攻撃《こうげき》も辞《じ》さない」というところまで計画を立てたら、ゴルバチョフは、「もうここで限度だ。これ以上の競争はできない。牛と競争するカエルのようにお腹《なか》が裂《さ》けてしまうから、もうやめる」と、敗北を認めたのです。

さらに、ソ連邦は、西欧《せいおう》化しようとしたところ、崩壊《ほうかい》してロシアなどに分裂《ぶんれつ》しました。

そして、東ヨーロッパの共産主義国も、次々と自由化したのです。東ドイツと西ドイツに分かれて二つの国となっていたドイツは、一つになりました。それ以前は、西ベルリンと東ベルリンが壁《かべ》で仕切られていたのですが、この壁も壊《こわ》されたのです。しかし、それによって困ることは何もありませんでした。また、それで損をする人も、誰《だれ》もいなかったのです。

6　全体主義国家・北朝鮮《きたちょうせん》を、これ以上放置するな

今、冷戦の最終決着をつけるかどうかの時期が来ている

ところが、一九八九年から九一年ぐらいにかけて起きた共産主義圏《けん》の崩壊《ほうかい》が、まだ完全には終わっていません。中国や北朝鮮《きたちょうせん》のあたりについてはまだ終わっていないので、これを変えなければいけないのです。つまり、「冷戦の最終決着をつけるかどうかの時期が、今、来ているのだ」ということです。

そのためには、やはり日米が頑張《がんば》らなければいけないでしょう。経済的にも繁栄《はんえい》し、軍事的にも結束しなければいけないのです。自由民主主義的な体制を壊《こわ》すような全体主義国家や、ほかの国を脅《おど》して言うことをきかせられる体制が当たり

前になるような国をたくさんつくってはいけません。ここが頑張りどころです。

また、トランプ大統領が狂《くる》ったように見えるという人もいるとは思います。確かに少しそういう風貌《ふうぼう》のある方ではありますが、怖《こわ》いぐらいのほうがよいのではないでしょうか。相手が言うことをきく程度には頑張ってもらわないと困ります。

今、北朝鮮は、「アメリカはハリケーンの対応に追われているから何もできまい」と思って核《かく》実験などをやっているのでしょう。ただ、北朝鮮は、完全な独裁による全体主義国家です。国民もマスコミも何も意見を言えません。国の実態について何も知らされていないのです。成功したときにだけ発表があって、失敗したら何も発表しないからです。そういう国に住む二千万人の国民は解放してあげる必要があります。

そのための方法を、私は、八月二日に東京ドームで述べました（注。二〇一七年八月二日、東京ドームで約五万人を前に、特別大講演会「人類の選択《せんたく》」を開《かい》催《さい》）。また、先ほど紹介《しょうかい》した本（前掲《ぜんけい》『緊急守護霊《きんきゅうしゅごれい》インタビュー　金正恩《キムジョンウン》 vs. ドナルド・トランプ』）のなかでも結論として述べています。やはり、金正恩氏は、国民を救うために、トップとして〝腹を切る〟覚悟《かくご》をしなければなりません。自分が死刑《しけい》になったとしても、国民が全員助かるのであれば、それでよいではありませんか。

それは、国の指導者として「以《もっ》て瞑《めい》すべし」でしょう。北朝鮮が国連の管理下に置かれたとしても、国民全員がミサイル合戦や爆撃《ばくげき》合戦によって死ぬよりはよいと思うのです。私なら自分が〝切腹《せっぷく》〟します。国民が助かるのであれば、当たり前です。自分が助かるために国民を盾《たて》に使うような卑怯《ひきょう》な人は絶対に許せません。

卑怯者《ひきょうもの》の考え方に乗ってはいけない

今日は、みなさんに知ってほしいことがあります。日本には三沢《みさわ》基地などの米軍基地がありますが、みなさんは「米軍がいなくなれば、日本は攻撃《こうげき》されない」というような卑怯者《ひきょうもの》の考え方に、絶対に乗らないでください。それは駄目《だめ》です。本法話《ほうわ》の衛星中継《ちゅうけい》を新潟《にいがた》県で観《み》ている人もいるでしょう。新潟県は、もし北朝鮮が崩壊したら、難民がたくさん押《お》し寄せてくるところなので、大変であろうとは思います。

しかし、北朝鮮というのは間違《まちが》った体制です。要するに、「金《キム》」と称《しょう》する一族から指導者が三人続きましたが、金正恩氏一人で、水爆を載《の》せた弾道《だんどう》ミサイルをアメリカ本土にでも撃《う》てますし、この人が本当に「撃て」と言ったら、撃たなくてはいけないような国なのです。そうした、議会もなければ何もないところに二千万人の人が命を預けています。さらに、南のほうの韓国《かんこく》には、五千万人ぐらいの人がいますし、日本にも一億二千数百万人の人がいるわけです。

あるいは、アメリカにも三億人もの人がいるし、ほかの国にも多くの人がいます。したがって、北朝鮮にそうした核ミサイルを撃つようなことを自由にさせてはいけません。やはり、大勢の人たちの合意を得て、やらなくてはいけないこともあるのです。

「平和」というのは、戦争と戦争の間に起きるものです。もちろん、私たち日本人が七十二年間平和を享受《きょうじゅ》できたのは、とても幸福なことでしょう。ただ、それはいつまでも続くことではありません。なぜなら、国際関係のバランスはいつか崩《くず》れるからです。新しい野心を持った国が出てきた場合、国際秩序《ちつじょ》を維持《いじ》するかどうかはそのときの判断になります。そして、それを放置したらどうなるかが、今、現在進行形で進んでいるのです。

北朝鮮をこのまま放置したら、どんどん原爆や水爆、および弾道ミサイルをつくっていって、日本政府では、どうしようもなくなるでしょう。

日本は、国としての「あるべき姿」を守れ

そもそも、北朝鮮が発射したミサイルに、こちらのミサイルを当てるのは、それほど簡単なことではありません。アメリカは、アラスカなどからその迎撃《げいげき》実験を行《おこな》っているので、いちおう迎撃するつもりではいるようです。しかし、アメリカ本土を狙《ねら》った弾道ミサイルについて聞いてみると、「十回撃って、六回ぐらいしか命中しない」ということなので、四発は通過するのでしょう。

アメリカの本土防衛でもそのくらいであれば、日本が狙われた場合、PAC《パック》－3《スリー》（地対空誘導《ゆうどう》ミサイル）などで落とせるはずがありません。それも、たいていは、日曜日、あるいは朝の五時台や六時台の、みなが寝《ね》ているときにミサイル

を撃ってくるわけです。そんなときにサイレンが鳴っても、起き上がって着替《きが》え終えたときにはミサイルは落ちているので、どうにもならないでしょう。それは、役所に文句《もんく》を言ってもどうにもできないことなので、しかたがありません。

やはり、日本は、国としての「あるべき姿」をきちんと守るべきです。パキスタンやインドでさえ、お互《たが》いに核武装をして警戒《けいかい》している状態ですから、日本であれば、少なくともイギリスやフランスレベルの力は持っていて当然だと思います。国際的にも、それだけの信頼《しんらい》感はあるはずですし、日本がそれほど暴走して変なことをするとは誰《だれ》も思っていないでしょう。

日本は、もう少し自信を持たなければいけないと思います。そのために、私はいろいろな本を出して日本の正義を実証してきました。確かに、先の大戦では、日本に一部行きすぎたところがあったかもしれません。しかし、植民地戦争による白人支配が五百年間ずっと続いてきたことに対して、欧米《おうべい》のほうは何も謝《あやま》っていないわけです。それを考えると、日本としても、反省しすぎて自分たちを無防備にさらすべきではないでしょう。そこは気をつけたほうがよいと思うのです。

害虫や子供の悪さにたとえられる「北朝鮮《きたちょうせん》問題」

例えば、蚊《か》であってもハエであっても、生きる権利はあると私は思っています。ただ、「蚊が家のなかに入ってきて外に出てくれず、夜、寝ている間に襲《おそ》ってくる」となったら、どうでしょうか。蚊が血を吸いにきているのであれば、やはり、交換《こうかん》条件として、蚊取り線香《せんこう》で〝撃ち落とされる〟覚悟はしなくてはいけません。「それが嫌《いや》なら、家のなかに入ってくるな」ということです。

仏教では「殺生《せっしょう》を戒《いまし》めている」とは言っていますが、線香を焚《た》くのが、実は蚊取り線香の始まりなのです。インドでも、暗がりで瞑想していれば蚊に刺《さ》されるため、お香を焚くのです。そうすると蚊が嫌がるからです。それが発達したものが、今の渦巻《うずま》き型の蚊取り線香になります。要するに、仏教においては、自分が攻撃される場合には、蚊取り線香で蚊を〝撃ち落として〟も構わないわけです。

あるいは、ハエの場合も同じでしょう。勝手に家のなかに入ってきて飛び回り、食べ物に止まったりしますが、ハエは黴菌《ばいきん》をたくさん付けているので、それで病気にでもなったら困ります。したがって、ハエが食堂や居間などを飛び回っているのであれば、〝ハエ叩《たた》き〟を振《ふ》られてもしかたがありません。もしそれが嫌なら、外を飛んだらいいのです。外に行って、農場の馬糞《ばふん》にでも止まっていれば、別に殺されはしないでしょう。それを、家のなかに入って、人がせっかく揚《あ》げたカツや、ウィンナ、あるいはマグロなどに止まったら許されないのです。ハエ叩きどころか殺虫剤《ざい》で退治されることもあるかもしれません。特に子供がいる家庭であれば、当たり前のことです。

さらに別のたとえをしましょう。子供が隣《となり》の空《あ》き地で線香花火をやっているぐらいなら、大人は文句を言わないと思います。また、子供が打ち上げ花火をバンバン上げていたとしても、それを垂直に上げているうちはまだよいかもしれません。しかし、「少し斜《なな》めにしてみようか。四十五度で、隣の家の上を飛び越《こ》して、向こうの空き地まで飛ばしてみようか」などとやり始めたらどうでしょう。そうなったら大人が出てきて、「こら、やめなさい。もう、いいかげんにしなさい。学校に通報するぞ。名前は？」と言って、注意すると思います。

こうしたことは当たり前であって、北朝鮮《きたちょうせん》の問題も同じなのです。

「正気を失った指導者」への対処は理性的に考えよう

今、中国は、けっこうな大国になっています。統計を信じれば、ＧＤＰ（国内総生産）は世界第二位の経済大国です。「まだ三位だ」という説もあるものの、統計を信じれば第二位であり、軍事的にも核兵器を何百発も持っています。

しかし、そうした次の覇権《はけん》を狙っている中国でさえ、今、アメリカ合衆国と全面戦争をやったら負けるのです。これを中国は知っているため、今は絶対に戦わず、北朝鮮の経済制裁にも加わっています。もちろん、二十年後、三十年後に逆転する可能性はまだある状態ですが、今は中国でも戦いません。

それなのに、あれほど小さな北朝鮮が、剛毅《ごうき》に、「アメリカとの全面戦争も辞《じ》さない」というようなことを言っているのは自殺行動でしょう。やはり、正気を失った指導者が、「自国民の二千万人を道連れにし、韓国人や日本人のみならず、アメリカ人をも道連れにする」と言っているのは、許してはならないことです。

北朝鮮は、国連で何度、制裁決議がなされても、それを無視して、平気でミサイル実験や核開発を続けています。北朝鮮にとっては貿易額の九十パーセントを占《し》める相手である中国が「核をやめろ」と言っているにもかかわらず、今日も核実験を行いました。

そのため、中国は「習近平《しゅうきんぺい》の顔に泥《どろ》を塗《ぬ》られた」と言って怒《おこ》っていますが、ここまで指導者が正気を失っていたら、ある程度〝ハエ叩き〟が出てきてもしかたがないと理解してください。

もちろん、私としては、心情的な左翼《さよく》運動がずっと続いていることについては理解していないわけではありませんし、宗教はそれに合流しやすい体質を持っているとは思います。

しかし、そうは言っても、今、生きている人たちを守るのは非常に大事なことです。やはり、この日本の平和は守らなくてはいけません。そのためには、強い者は正しく、正しい者は強くなければならないのです。

今月（二〇一七年九月）は、これから危機的な態勢が起きると思いますが、どうか、みなさん、心情的なものだけに揺《ゆ》さぶられないでください。もう少し理性的になって、先ほど述べたように、「家のなかに蚊やハエが入ってきたら、どうなるか」ということを、もう一度、考えていただきたいのです。
これが、今日、私が言いたかったことです。

第2章

自《みずか》らを人財に育てるには

――正直な言葉の上に、この国の未来を築け

二〇一七年九月十七日　説法《せっぽう》

愛媛《えひめ》県新居浜《にいはま》市・リーガロイヤルホテル新居浜にて

1　台風18号直撃《ちょくげき》のなか、四国・新居浜《にいはま》で講演

愛媛《えひめ》県での説法《せっぽう》は九年ぶりになりますが、ここ新居浜《にいはま》での説法は初めてで、私個人としても初めて新居浜に参りました。

「台風18号が近づいているぐらいで、来ないわけにはいかない」ということで、やって来ました（会場拍手《はくしゅ》）。

台風が私の説法を〝聴《き》きに来たい〟のであれば、しかたがないので（会場笑）、それを受け入れるしかなく、断りはしません。

われわれにできることは何かと言うと、みなさんにはご迷惑《めいわく》をおかけしましたけれども、少し講演の開始時間を早めて早く来ていただき、「安全性」を少し高

める程度のことです（注。本講演は、台風18号の接近による影響《えいきょう》を少しでも避《さ》けるため、午後一時開始の予定を、当日の朝、午前十一時十五分開始に変更《へんこう》した）。

ただ、私は、日本全国や世界各地でいろいろな講演を行い、いつ何時《なんどき》、何が起きるか分からないような状況《じょうきょう》のなかで、今までに二千六百五十回を超《こ》える講演を行《おこな》ってきているので（説法時点）、実を言うと、このくらいの台風は何とも思っていないのです。

みなさん、日本のインフラはしっかりしているので、私は、全然心配していません。このあと、

本会場となったリーガロイヤルホテル新居浜《にいはま》の様子（2017年9月17日）。

もし泳いで帰る方がいたとしても（会場笑）、日本という国はしっかりしていますから、大丈夫《だいじょうぶ》だと考えています。

今日（二〇一七年九月十七日）は、四国の幸福の科学の各支部に衛星中継《ちゅうけい》をかけながら話をしますが、本講演はおそらく、後日、全国各地や外国でもかかることになるかと思うので、「地元の方々に分かる話」ということを中心に据《す》えつつも、ある程度、一般《いっぱん》的な方にも分かる内容にしたいと思います。

この新居浜での講演会は、七百人が参加する予定でしたが、講演の開始時間を午前中に変更し、また、「講演が終わったあとは、台風で土砂降《どしゃぶ》りになるかもしれない」という状況であるにもかかわらず、定員を超える人数の方々が集まってくださっています。まことに熱心な地域であると感動しております。

私は、昨日《きのう》、「会場に聴衆《ちょうしゅう》が五十人集まるのだったら、講演をやります」と言って東京を出てきました。「五十人ぐらいだったら、這《は》ってでも来る人はいるだありがたいことだと思っています。このように会場を埋《う》めていただいて、本当にありがたいことだと思っています。

「万一《まんいつ》、今日の新聞で講演会の告知広告を見て、午後一時に合わせて会場に来る人が大勢いるようだったら、二回目の講演をやろうか」と思ってはいるのですが、開始時刻変更の連絡《れんらく》がかなり行き渡《わた》っているので、だいたい午前中の講演だけで終われるのではないかと考えています。

2　日本を引っ張っていける人財になるための四つの条件

「教育」が、資源のない日本の国力を富ませた

今日は、テーマとして、「自《みずか》らを人財に育てるには」ということを掲《かか》げているので、忘れないうちに、そのことについて述べたあと、〝余計な話〟に話題を広げるしかないかと考えています。

この日本の国には、昔から言われているとおり、資源はほとんどありません。この地元にも別子銅山《べっしどうざん》はありましたが、今はもう機能していないと思います。また、日本は、土地が狭《せま》く、外国との貿易等で発展する以外には方法のなかった国です。

●別子銅山　愛媛県新居浜市の東南に位置する銅山。1690年に発見され、翌年開坑。その後、1973年に閉山するまでに約70万トンの銅を産出。この間、一貫して住友が経営し、住友財閥の発展の基となった。

その国において、国力を富ませた力は何であるかというと、ほとんど「教育」であったと思うのです。

その教育は明治以降に始まったのではありません。江戸《えど》時代の二百数十年の間に、いろいろな学習塾《じゅく》も開かれており、町民まで含《ふく》めて、しっかりと勉強するカルチャーがありました。それが基礎《きそ》にあった上で、明治維新《いしん》以降、近代的な学校制度ができ、西洋の文明を取り入れて国の近代化に成功したのです。そのことが大きいのではないかと思います。

したがって、「人は資本」ということが基本です。日本の最大の資本は何であるかというと、それは「人」です。人しかないのです。

人を教育し、「どのような考え方を持つか。どのように生きていくことを目指すか。どのような成果を遺《のこ》して、この地上を去るか」ということを、きっちりと教え込《こ》むことが極《きわ》めて大事なのではないかと思っています。

「人財が育ち続けるかぎり、この国が終わることはない」と私は信じています し、「そのために私は存在している」と考えているのです。

今日の演題では人財を「人の財《ひとざい》」と書きましたが、本当に「宝」だと思って人を育てるしかないのです。

日本の人口はかすかに減り始めてはいますが、まだ微小《びしょう》なものなので、人財自身を鍛《きた》え、もっともっとレベルの高いものにすることによって、人口の多い国や地域の大きな国、資源の豊富な国とも十分に競争していけるようにしなくてはなりません。

世界のリーダーとして、わが国の行く末を引っ張っていける人財を、数多くつくっていくことが大事なのではないかと思います。

「能力」「体力」に続き、必要な「人財の条件」とは

まず、みなさん一人ひとりの、人財としての力を高める方法を考えなければならないと思います。

人には、生まれ持った才能というか、「能力」というものがあると思われます。それに、「体力」というものもあるので、「能力と体力の掛《か》け算ぐらいで、だいたい、人生における自分の実績が出てくる」と考えている人も多いのではないかと思います。

しかし、その二つだけでは十分ではありません。能力と体力があっても、それだけで何もしなければ、何も生まないことになります。

必要条件として、「情熱」というものも当然あります。同じ能力と体力があっても、情熱のある人と情熱のない人とでは全然違《ちが》います。情熱のある人は、知能

指数や学校の成績を超《こ》えて、大きな仕事を成すものです。

さらに言うと、情熱を加えてもまだ十分ではないと思います。情熱と能力と体力があれば、当然、大きな仕事ができますが、それに加えて、「日々、具体的な仕事をきちんと積み上げていくこと」が必要です。

小さくても、一個一個、仕事を片付けていくことが大事であり、そういう積み重ねができる人間でなければ、大を成すことはありません。

情熱があり、能力があり、体力があっても、もし、いつも〝ホームラン〟だけしか狙《ねら》っていないようなタイプの人間であったならば、残念ながら、人生を通して見たときには、おそらく、そう大きな実績を残すことはできないだろうと思います。

みなさんには「手持ち時間」があります。その「手持ち時間」を、どのようにして輝《かがや》いたものに変えていくかが大事です。

人財となるための４つの条件

① 能力
② 体力
③ 情熱
④ 日々、具体的な仕事を積み重ねる姿勢

人生の大半を思い返してみると、人には言えないほどの〝無駄《むだ》な時間〟がたくさん横たわっているはずです。それは、これからの未来にも言えることです。

発奮し、能力と体力をいっぱいいっぱいに輝かせたとしても、それだけではなく、さらに、「毎日毎日の生活のなかで、小さなことを勤勉に積み上げつつ、大きな志《こころざし》の実現に向けて努力を積み上げていく」ということが大事なのです。

3　人前で話すことの終わりなき修行《しゅぎょう》

最初は小さな場所でも、そこで評判を大きくすること

選挙を考えても同じです。

もうすでに何十年も前からある政党にはブランドがあり、そこから立候補すると、「どのような人かは分からないけれども、この政党の保証があるのならいいだろう」ということで、投票の際に名前を書いてくださることはあります。

それから、その政党に対抗《たいこう》している既成《きせい》政党があれば、前者に反対する人は「ここに票を入れたらいいかな」と思うこともあります。

そのため、新しい人が出てきて当選するのは、たいへん難しいことだろうと思

います。

しかしながら、「それを最初から言っても、しかたがない」と私は思うのです。例えば、四国出身の歌手もいますし、九州などから出てきている歌手もいますが、たいていは、ストリートライブをやったり、駅前で歌ったりしているうちに誰《だれ》かの目に留《と》まり、「君、うちのプロダクションに所属してみないか。一回、上京してきなさい」と言われ、東京に出てきたりするのです。

ところが、「すぐにデビューし、大きな所でやれるのかな」と思っても、そうはいかず、プロダクションに所属しても、まだ、小さな所で何度も歌うことになります。そして、それをやっているうちに、だんだん人気が出てきたら、認められてくるわけです。

ＡＫＢ48もそうです。最初は、秋葉原《あきはばら》で、〝かぶりつき〟というか、二十人ぐらいの人が目の前で直接見て握手《あくしゅ》ができるようなかたちで始め、「直接見られる」

ということで人気を取ったわけですが、そこから全国規模で知られるようになるまでには、だいたい五年ぐらいかかっています。ああいうものは、そのくらいの期間を見込《みこ》んでつくっているのです。

そのように、最初は小さくてもよいので、活動を繰《く》り返しながら、だんだんだんだん、評判を大きくしていくことが大事です。小さな所でやって評判を取れないような人だと、大きな所でやっても、評判を取ることはほぼ不可能です。

今、この会場にはまだ人が入ってきているので、七百数十人の方が来られていると思いますが、私は、「新居浜《にいはま》であろうと、東京ドームであろうと、同じだ」と思っているのです。全然、変わりません。

「会場が小さいから簡単だ」ということはありません。小さい所は怖《こわ》いものです。聴衆《ちょうしゅう》の目、評価が〝怖い〟のです。

新居浜に来て説法《せっぽう》し、「大川隆法、二度と来るな」と言われたら、もう本当に来られません。東京ドームでの説法の場合、それはそれで難しいのですが、誰かが来なくなっても、入れ替《か》わって別の人が来ます。しかし、ここで、地元の人から、「もう結構だ。二度と聴《き》きに行かない」と言われたら、もう私は来られません。厳しいものなのです。

あるときは、地元の方々に理解できないような話をしたため、あとで〝怒《おこ》られた〟こともあります。

幸福の科学の初期のことですが、九州で説法するとき、「これで四回目だけど、今回は話が分かるだろうか」と言われたことがあるのです。そう言われると、いちおう私も落ち込みます。「四回目で分かるだろうか」と言われると、「過去の三回は分からなかったのかな」ということなので、「厳しいなあ」と思ったことはあります。

都市部での街宣《がいせん》で、私が大きな声を出す理由

街宣《がいせん》について言えば、都会での街宣は楽です。それは、いろいろな人が聞いてくれるからです。

熊本《くまもと》で街宣をしたときには、夕暮れでカラスが飛んでいるころ、目の前に数十人が集まってくれている所で話をしたのですが、「寂《さみ》しい」という感じがありました。また、静岡《しずおか》でも、そのようなところはありました。

北海道では、「人が出入《でい》りをするから」ということで、スーパーか何かの前でやりました。二、三十人がパラパラッといたのですが、「私は東京ドームでも説法をしているのだけれども、今、ここに何人いるのか」という思いになりました。頑張《がんば》れば頑張るほど、声が虚《むな》しく遠くへ広がっていくように感じられ、何とも言えないものがありました。

一方、都市部では、外には出てこないけれども、建物のなかで街宣を聞いている人が多いのです。街宣をしていると、目の前の人だけではなく、ビルのなかにいる人たちも聞いています。

マイクで話をするときには、建物のガラス窓を〝突《つ》き抜《ぬ》けて〟、なかにいる人にまで声を届けなくてはいけないので、けっこう大声を出すのです。

なぜ、あんなに大きな声を出すのかというと、建物を貫《つらぬ》くつもりで話しているからです。声がズバッと建物のなかに入るので、なかで聞いている人のほうが多いわけです。

幸福実現党は、このあと、大雨のなかで街宣をするのだろうと思いますが、十分の街宣を三回やると、声が嗄《か》れます。本当に嗄れてしまうのです。会場ではないので、街宣はけっこう難しいのです。

この会場では声が跳《は》ね返ってきます。これはありがたいことであり、いちおう声はなかに入っています。

ただ、東京ドームになると、逆に少し難しいのです。私が話すと、その音が向こう側の壁《かべ》まで行き、一・五秒後に返ってきます。(東京ドームは外寸が)二百四十メートルぐらいありますが、そのなかを声が反対側まで行き、それから同じ距離《きょり》を返ってくるので、(続けて話すと)次の言葉を話しているときに前の言葉がマイクに入るのです。

この二つがダブらないように聞かせるのは非常に難しいことなので、私はいつも、演歌を歌っているような気分で話をしています(会場笑)。

東京ドームでは、1991年から95年にかけて10回の大講演会を開催。その後、2017年8月2日、22年ぶりに、東京ドームで特別大講演会「人類の選択」を開催した(上写真)。

こぶしを回し、その間に跳ね返りの反響音《はんきょうおん》の速度を計算しながら、前の言葉とダブらないところで次の言葉を話すのです。

私は、「人前で話すのは、けっこう難しいことだ。つくづく難しくて、終わりはないことだ」と本当に思っています。

今は、幸福実現党の人たちを教育しているところです。

聞く人は、それぞれの立場で聞いてくださいますが、話すほうには、いろいろな場所において、いろいろな人に聞いてもらうために、難しい努力が要《い》るのだと思います。

先般《せんぱん》、ある雑誌を読んでいたところ、社会学のようなものをやっている、ある女性の大学教授が、横浜《よこはま》での私の街宣について、「街宣カーの上に上《のぼ》ってから声を出すまでに何秒かかっているか」ということを計《はか》ったところ、約五十秒だったそうです。そして、ほかの所での街宣についても計ってみると、やはり五十秒だったようです。

　そのため、「彼（大川隆法）は計算している。五十秒間、聴衆を待たせ、期待させてから話をしている」というようなことが書いてありました。

　しかし、そんなことはありません（笑）。全然、そんなことはないのです。私は、聴衆の様子を見て、「みんなが聞いてくれそうだ」と思ったときに話をしているだけです。期待を持たせてから話をしたりは全然していないのです。

　そういうことまで研究対象にし、時間を計る方もいるので、「世の中は、なかなかシビアだなあ」と思うことがあります。

2012年12月13日、神奈川県横浜市の桜《さくら》木《ぎ》町《ちょう》駅前で行われた街宣の様子。

情熱に加え、「具体的に実現するための詰《つ》め」が大事

そのようなわけで、「人前で話す」というのはたいへん難しいことです。それは、各人の生まれつきの能力や体力等も関係があるとは思いますが、そういうものがすべてではありません。当然、情熱がすべてでもありません。さらに加えて、「具体的にそれを実現していくための詰《つ》め」をきちんとやっていくことが大事であるわけです。

今朝《けさ》も、スタッフが、「愛媛《えひめ》県外の人が講演会に来るのは無理でしょうから、県外の人には『中止』と伝え、県内の人にだけ『午前中に講演会を行う』と連絡《れんらく》します」などと言っていたので、「嘘《うそ》は言うな」と注意したのです。

「県外の人には『中止』と伝えておきながら、後々《のちのち》、『実際には開催《かいさい》していた』ということが知られたら、怒るに決まっているではないか。『本日は、予定時間

を早めて午前中に行うことになりましたが、県外にお住まいで会場まで来ることが難しい方については、あとで録画映像をご覧いただくなどの対応をいたしますので、無理されなくても結構です』と言うのであれば構わないけれども、『中止になりました』などという嘘は言ってはいけない」と言ったのです。

それはすぐに分かることなのですから、事情はいろいろあるとしても、やはり、そういうところは誠実でなければならないと思います。

昨日《きのう》も、「本講演会を行うかどうか、幸福の科学の総合本部で最終決定し、朝の十時に報告します」ということで待っていたところ、九時四十分に、「今回は中止ということに決定しました」という報告がありました。しかし、そのあと、「いや、私は行きます。行けない方は行かなくても結構ですから。私は行きます」ということで来たのです。

「『それでも聴きに来たい』という方がいる以上はしかたがない。私の身柄《みがら》さえこの場にあれば、すべて一人で話すのだから、できるはずだ。たとえ、誰も来られなくなって、開催会場となったホテルの従業員を相手に話をするしかなくなったとしても、最後は、従業員を信者に変えられるかという説法でもやるかな」と思って来ました。

ただ、今のところ、台風がゆっくりと動いているので、何とか集まるところまではなったかと思います。

このように、抽象的《ちゅうしょう》に「情熱」などと言ったところで、「実際にやれるかどうか」という具体的なところでは、問題はあるわけです。「それをどのようにするか」という詰めをしなければなりません。

例えば、総合本部の対応であれば、「午前中に前倒《まえだお》しをしよう」といったことは今朝考えたことではあるので、そういう努力の部分もあって、多少は集まりやすくなった部分もあるかと思います。

しかし、「午後はどうするのですか。今日の新聞には、講演は午後一時から開演と書いてあるので、これを見て会場に来る人がいたら、どうするのでしょうか」と心配する人もいたので、「必要なら二回やりますよ」と私は言ったのです。

午前中に人が来なかったら、午後にもやるしかないと覚悟《かくご》しました。私は、一日に二回ぐらい話すだけの体力があるのです。

過去にも、〝ダブルヘッダー〟を二回ほど行《おこな》ったことがあります。東京の渋谷《しぶや》公会堂（一九八九年三月五日「神理《しんり》文明の流転《るてん》」および「幸福の科学とは何か」）、それから、千葉《ちば》県の幕張《まくはり》メッセイベントホール（一九九〇年六月三日「人生の王道を語る（序論）」および「人生の王道を語る」）で、午前と午後の〝ダブルヘッダー〟を行ったことがあるのです。来場者を収容し切れないために、二回に分けて開催したことがありますが、やろうと思えばできないわけではありません。

ただ、本日は午前中でだいたい話ができるのではないかと思っています。

4　自民党の〝バラマキ選挙〟で、一千兆円の借金が

一千百兆円の国家財政赤字は自民党がつくった

人財論において大事なところを幾《いく》つか述べてきましたが、もう少し具体的な展開として、「この日本において何ができるか」というところに話を持っていきたいと思っています。

一つは、国家の「財政赤字」についてです。ここは、やはり、気に入らないところです。

一九八〇年代、バブル期といわれた時代に、財政赤字が膨《ふく》らんできたので、「メザシの土光《どこう》さん」ともいわれる人（土光敏夫《としお》氏）を中心にして、財政赤字を

なくそうとしたのですが（第二次臨時行政調査会。いわゆる「土光臨調《りんちょう》」）、その当時の財政赤字は百兆円でした。この百兆円の赤字が多すぎるということで、それをなくそうとしてやっていたのです。

しかし、今は赤字がどれほどあるかといえば、一千百兆円なのです。「財政改革をやろう」と言っていながら、その後、一千兆円も赤字が増えているわけです。

これはおかしいと思いませんか。何がおかしいかといえば、結局、入ってきてもいない税金を使っていることです。そういうことでしょう？　それ以外にありえません。要するに、税金が入ってきていなくても、使いたい予定のほうが先立っているということです。

予算の半分は本物の税収であるものの、残りの半分は「国債《こくさい》」等で賄《まかな》っています。幸い、日本人は、お金を預けるところがなくなっているため、国債を買ってじっと持っていてくれることもあって、何とかやれてはいますが、実際、一千百兆円というのはものすごい額だと思います。

もし、北朝鮮《きたちょうせん》に一千百兆円を貸したらどうなるかと考えると、核《かく》ミサイルを何万発つくれるか分からないので、うれしくてしかたがないだろうと思います。あそこの国では、貿易で輸出といっても、せいぜい数千億円しかない小さな国なのです。

それと比べれば、日本というのはものすごく大きな経済規模を持っている国ではありますが、大きくても小さくても、財政的なやりくりの感覚が合っているかどうかという点は、非常に大きなところではないでしょうか。要するに、「分限を超《こ》えて、くだらないことにたくさん使ったのではないか」ということです。

この責任はどこにあるかといえば、自民党にあるのは明らかでしょう。戦後、自民党は約四十年間、ほぼ単独政権を続け、一九九〇年代からガタガタしてはきたものの、その後、また政権を取り返しています。ですから、この一千兆円以上の借金をつくったのは自民党だと言えるでしょう。

では、なぜ、これほどの赤字をつくったのでしょうか。それは、自分のところの議員が繰《く》り返し当選できるようにするために〝バラマキ〟を続けたということです。特に、選挙前になったら（公約等で）お金をばら撒《ま》くので、ばら撒くことができる人たちのほうに票が集まるわけです。つまり、国民は〝買収〟され続けていたということになります。

しかし、そのツケがあとから回されるというのでは、やはり、たまりません。もちろん、もらうときはよいのですが、それは、だんだんに赤字が増えていくことを意味します。

「マイナス金利」は資本主義の精神に反している

そして、「借金の利子があまりないほうがいいから」ということで低金利政策を始め、とうとう「マイナス金利」などということをやり始めました。

このマイナス金利というのは、結局、国債による借金を〝踏《ふ》み倒《たお》そう〟としているということです。できるだけ利子を払《はら》わず、増えないようにして、次には、預けたら〝預かり料〟をもらうといったかたちで、預金した人が損をするような体制ができつつあるわけです。

これは、明らかに、「資本主義の精神」に反しています。「資本主義の精神」というのは、例えば、百万円の資本金があった場合、そのお金を投資して事業をしたときに、その百万円が大きくなっていかなければ、事業を継続《けいぞく》していくことはできないということです。少なくとも、百万円が百六万円ぐらいは生まなかったら、翌年《よくとし》の事業はできないものになっているのです。ところが、だんだん減っていっているというのであれば、これは、おかしな話になります。

したがって、膨大《ぼうだい》な国債、および財政赤字を持ちながら、マイナス金利政策を行《おこな》っている現在の状況《じょうきょう》では、残念ながら、根本的に、国の経済が発展するということは考えられません。なぜならば、資本主義の精神を完全に忘れているからです。

「善の循環《じゅんかん》」があって初めて経済は発展していく

私の子供時代を振《ふ》り返ってみても、地元（徳島県川島町《かわしまちょう》〔現・吉野川《よしのがわ》市〕）の川島郵便局に貯金をするときに、半年複利で年率六パーセントぐらいの利息が付き、お金が次第《しだい》に増えていく感じで、どんどん大きくなっていくのはうれしいものだったと思います。

小さなお金ではありましたが、「二十歳《はたち》になったら、それで背広《せびろ》が買える」と、母親が一生懸命《いっしょうけんめい》に貯金をしてくれていたのを覚えています。利子の部分で貯金が大きくなっていき、そして、「二十歳になったら背広が買える」などと思っていたのを、ついこの前のことのように思い出します。

このように、お金が〝雪だるま式〟に大きくなっていったり、事業がだんだん大きくなっていったりするような「善の循環《じゅんかん》」があって初めて、経済は発展していくのです。この循環をつくれなければ駄目《だめ》なのです。その逆に、〝小さくなっていく循環〟をつくったら、もはや終わりでしょう。それは明らかに間違《まちが》っているのです。

結局、一九九〇年代以降の政策で大きな間違いを犯《おか》したために、国民の財産を減らし、さらに、資本主義の精神を傷つけ、経済発展の芽を摘《つ》んでしまったと言えるでしょう。

同じ時期に、お隣《となり》の中国は経済レベルが何十倍にもなったわけです。日本のバブル崩壊《ほうかい》前の中国経済というのは、「日本の十分の一」とも言われて、ちょっと分からないぐらい小さかったのです。私の記憶《きおく》では、確か、中国の経済規模が東京都程度になり、韓国《かんこく》が神奈川《かながわ》県ぐらいになったという話を聞いたように思うのですが、それから二十数年でそうとう変化はしてきています。今、中国は日本経済の二倍もあると言っています。これは本当におかしなことではないでしょうか。ありえないことが起きています。

ですから、この間《かん》に日本の政権を担当した人たちは、やはり、謙虚《けんきょ》に反省し、間違いは間違いとして、国民の前ではっきりと認めるべきだと思うのです。

「アベノミクス」が失速し、経済について言わなくなった安倍《あべ》政権

昔のことはともかく、「アベノミクス」だけを取ってみても、同じことは言えるでしょう。

「アベノミクス」そのものは、私の出した政策がもとになっており、それを安倍《あべ》首相がそのまま行《おこな》ったものではありますが、その代わり、「消費税を上げたら失敗しますよ」ということだけは、私や幸福実現党は繰り返し言ってきました（『日本の繁栄《はんえい》は、絶対に揺《ゆ》るがない』『忍耐《にんたい》の時代の経営戦略』〔共に幸福の科学出版刊〕

等参照)。「『アベノミクス』として使ってくださる分には構わないのですが、消費税を上げたら失敗しますよ。デフレ脱却《だっきゃく》前に消費税を上げたらもとに戻《もど》るので、完全に脱却してしまわないかぎり、これは駄目ですよ」ということを繰り返し言っていたのです。

しかし、財務省の官僚《かんりょう》は、頭はよいのですけれども、実体経済のことをあまりよく知らない人が多かったのか、「同時に税金も取ってやろう」と、いっぺんに〝二匹《ひき》目のドジョウ〟も狙《ねら》ったために残念ながら壊《こわ》してしまい、「アベノミクス」は〝失速〟し、もう、安倍首相自身も言わなくなりました。最近は経済のことをほとんど言いません。要するに、「失敗した」ということでしょう。

『日本の繁栄は、絶対に揺るがない』
（幸福の科学出版刊）

『忍耐の時代の経営戦略』
（幸福の科学出版刊）

5　国民が飢《う》えても核《かく》開発する指導者は追放すべき

国のトップがニュースの内容までチェックしている北朝鮮《きたちょうせん》

経済面で失敗した安倍《あべ》首相は、現在は、「外交の安倍」で生き残っているような状態です。確かに、最近も、北朝鮮《きたちょうせん》情勢が緊迫《きんぱく》してきているなか、世界各国を政府専用機で飛び回り、諸外国の首脳と会って話をするような行動力自体については、頑張《がんば》っているなと思うところもあります。それはほめてよいことでありますし、歴代首相に比べれば頑張っているとは思います。

しかしながら、ここまで追い込《こ》まれたら、あのくらいのことは誰《だれ》でもやります。それは当たり前のことです。北朝鮮がグアムを狙《ねら》って、この講演会場のある新居《にい》浜《はま》の上空を通るミサイルを撃《う》つかも分からないと言われているのです。

それから、数日前の平壌《ピョンヤン》の朝鮮中央通信の放送を聞けば、「四つの列島でできた国（日本）は核爆弾《かくばくだん》で海に沈《しず》めてやる」と、ニュースで公式に言っていました。この放送のニュースの内容は、金正恩《キムジョンウン》氏が直接チェックしている内容と思われるのです。

韓国《かんこく》関連のニュースのなかで、「北朝鮮から韓国に入ってきた脱北者《だっぽくしゃ》の一人で元アナウンサーだったという人が、今は、心ある北の人たちへ呼びかけるために韓国から北朝鮮に向けた放送をしている」という話がありました。その人が北でのアナウンサー経験を通して特徴《とくちょう》的だったことを、二つほど語っていたのです。

一つは、韓国のアナウンサーがニュースを読むトーンよりも三段階ぐらい高いトーンで、高らかに「ウン、ウ～ン、ウン！」と言わなければいけないということです。「激情型で、人々が興奮するような感じで、三段階ぐらい上げて言わなければいけない」ということが法則の第一です。

法則の第二としては、「ニュースの内容は、金《キム》総書記が目を通し、サインをもらわなければ読めない」ということでした。自分がよい取材をしてきて、ニュースで言いたくても、「駄目《だめ》だ」と言われたら流せないのです。内容は政治、経済、外交関連のニュースが多いと思いますが、金氏はすべて目を通していたようです。したがって、トップの考えに合わない報道は一切《いっさい》なされないのです。

そのため、北朝鮮の人に取材したら、みな、判で押《お》したように同じことを言っています。それは、情報源が一つしかないからというのもあるでしょう。これを、「独裁者による全体主義国家」と言うわけです。

そういう意味では、いろいろな意見を出せるというのは大事なことであるのです。時間がかかるように見えても、全員の意見を出し合うなかで、合意によって変えていけるというのは非常に大事なことです。自分の言うことをきかない人がいれば、その人を〝消していく〟ということだけだったら、これは駄目でしょう。

「国民全体の幸福」を願わないような政権であってはならない

最近、ロシアのプーチン大統領は、「経済制裁をしても、北朝鮮には効かない」と言っていました。彼らは、どうせ、雑草を食べてでも核開発をやめようとはしないだろうから、経済制裁などやっても無駄だということなのでしょうけれども、そういう論調に屈服《くっぷく》するわけにはいかないと思うのです。

「雑草を食べてでも、核兵器を開発する」というような、そういう国のリーダーは追放しなければいけないんですよ！　絶対に（会場拍手《はくしゅ》）。間違《まちが》っているから。間違っています。

日本の場合、天皇陛下《へいか》は政治的発言をされないことになっているので、そういうことは言われないでしょう。ただ、もし安倍首相が、「国民は雑草を食べてでもいいから、私はこれを進める」などと言ったら、その政権は存続《そんぞく》できるわけがありません。

やはり、国民全体の幸福を願わないような政権は、自由主義圏《けん》では存在不能なのです。ここに決定的な違いがあることを知ってください。

北朝鮮では、みな洗脳されているので、「自分たちは、防衛のためにやっている。特にアメリカ、および、その〝眷属《けんぞく》たち〟を懲《こ》らしめるためにやっているのだ」と言っているのだと思います。しかし、「守るに値《あたい》する国かどうか」ということが問題なのです。

もちろん、形式上は、それぞれの国に防衛する権利はありますし、それが小さな意味での正義であることには変わりないでしょう。

ただし、「その国の人々が、その体制によって幸福に繁栄《はんえい》するか。それとも、奴隷《どれい》状態になって苦しんで、最後は皆殺《みなごろ》しにされるか」ということへの判断は、とても大きなものなのです。それを忘れてはならないと思います。

6　安倍《あべ》首相の外交には、実は二つの問題点がある

日本は、北朝鮮《きたちょうせん》に対して明瞭《めいりょう》な言葉を使って話せ

この点について、外交に非常に長《た》けていて、また熱心でもある安倍《あべ》首相を中心とした、自民党の内閣、官邸《かんてい》に申し上げたいことが幾《いく》つかあります。

一つは、「もう少し明瞭《めいりょう》な言葉を使って話しなさい」ということです。

例えば、「北朝鮮《きたちょうせん》が、核《かく》実験をやった」とか、「ミサイルが日本列島を越《こ》えた」とかいっても、それに対し、「最も厳しい言葉で抗議《こうぎ》する」とか、「厳重な抗議をする」とかいうようなことばかり言っています。しかし、これでは相手に通じないでしょう。まったく通じていません。

向こうは、「日本の四つの島を、核兵器で海に沈《しず》める」とまで具体的に〝言ってくださって〟いるにもかかわらず、「最も厳重な言葉で抗議する」などと言ったところで、まったく通じないのです。むしろ、向こうはバカにしているのではないでしょうか。「いつもこんなことしか言えないんだな」と思って、絶対にバカにしているはずです。

これは、責任が発生しない言い方であり、日本の国のなかでは通じていると思っているのかもしれませんが、これではいけません。もっと明瞭な言葉で、しっかりと言ってほしいと思います。何が、「最も厳重な抗議」なのか。どういうことが、「最も厳しい抗議」なのか。その内容を明らかにして言ってください。これは、安倍首相だけでなく、菅官房長官《すがかんぼうちょうかん》も含《ふく》めて、そうしてほしいと思います。

日本の生存権をほかの国に委《ゆだ》ねてよいのか

さらに、もう一つ挙げましょう。

安倍首相は、インドから帰ったあともそうでしたが、北朝鮮に対して、「国際社会は容認しない」とか、「国際社会の力を合わせて、北の脅威《きょうい》に対抗する」とか、「国際社会は経済制裁でやろうとしている」とか、二言目《ふたこと》には、「国際社会は……」と言うわけです。

もちろん、これには、戦略として合っているところもありますが、問題もあると考えています。

おそらく、安倍首相が言う「国際社会」とは、自分が外交した国々のことでしょう。最近の外交先を見れば、ロシアや中国、インド等に行って、北朝鮮との貿易を止《と》めるようにお願いして回っているわけです。

しかし、ロシアは、北朝鮮が核開発やミサイル実験をしたところで、自分たちがやられるとは思っていないため、何の脅威も感じていません。それは、中国も同じでしょう。北朝鮮が、貿易の九割を中国と行《おこな》っている以上、脅威など全然感じていないのです。

また、インドも北朝鮮との貿易は大きいのですが、インドは核大国です。それに、人口も多く、中国の次のライバルと目《もく》されている国なので、実は、北朝鮮に脅威など感じていません。「日本との友好のために、多少、協力しましょうか」というレベルの話だと思うのです。

もちろん、相手を孤立《こりつ》させる意味では、「国際社会への脅威」とか、「国際社会が協調してやっている」とか、「国際社会の正義に反する」とか言ってもいいとは思います。おそらく、〝兵糧《ひょうろう》攻《ぜ》め〟をして、戦わずして勝つつもりでいるのでしょう。

しかし、現実には、日本海、および日本列島を越えたミサイルの発射がなされています。また、最近の水爆《すいばく》実験についても、「広島型原爆の十倍の威力があった。これを東京に落とされたら、丸《まる》の内《うち》が全滅《ぜんめつ》するのは確実だ」とも言われているのです。

では、このまま、妥協《だきょう》的態度で北朝鮮に延々と核開発を続けさせたら、どうなるでしょうか。要するに、彼らが「雑草を食って」でも核開発を続けた場合ですが、次は、「日本から米軍基地を撤去《てっきょ》しなければ、日本に核ミサイルを撃《う》ち込《こ》むぞ」と言ってくることが読めるわけです。

このとき、日本がどんな返事をするのかを考えてみると、「はい」と言って、あっさりと撤去してしまう政党もあるでしょう。民進党にはその可能性はあります。公明党にもあります。共産党にもその可能性はあるわけです。

ただ、そういうわけにはいきません。米軍基地を全部撤去したら、日本は〝丸《まる》裸状態《はだか》〟になるのにほぼ近いと思います。現時点では、日本は先制攻撃《こうげき》ができない状態になっており、敵の攻撃を受けたら正当防衛ができるのですが、「四つの島を沈める」という方針でやられたら、何も反攻《はんこう》できないはずです。

確かに、国際社会にいろいろ頼《たの》んで兵糧攻めをすること自体は正攻法ですし、戦わずして勝てるかもしれません。しかし、「戦わずして負ける可能性もあるやり方を、現在やっているのだ」と言いたいのです。

トランプ大統領は、去年の選挙戦で厳しい言葉の応酬《おうしゅう》をやっていたにしては、今、すごい忍耐力《にんたいりょく》をもって耐《た》えていると思います。北朝鮮のあれだけの挑発《ちょうはつ》によく耐えて、「そのうち分かる」、「今に分かる」と言っているわけです。このあたりは、さすがに老練だなと思います。彼は、単純で喧嘩《けんか》っ早《ぱや》い人ではありません。実業界で苦労しただけあって、よく耐えていると思うのです。

ただ、結局は、すべての責任をアメリカだけに取らせることになるでしょう。

最後の〝帳尻《ちょうじり》〟はそこで合うわけです。

そういう意味では、逆に、北朝鮮が日本にそれを教えてくれているのかもしれません。要するに、「日本は、自分たちの生存権を全部アメリカ一国の判断に委《ゆだ》ねた状態のままで七十二年やってきたけれども、それでよいのか」ということを、問われているのです。

それは、アメリカの議会が承認するかどうかによって違《ちが》うでしょう。また、アメリカの政権を誰《だれ》が担《にな》うかによって、考えは変わるかもしれません。あるいは、日米関係がどうなるか、日韓《にっかん》関係がどうなるかによっても、外交的に判断が違ってくることはあります。

したがって、主権国家であるならば、自《みずか》らがやれることはきちんとやらなければいけないと思うのです。

そして、政府が最低限やらなくてはいけないのは、「国民の生命・安全・財産を守ること」です。この意味で、自衛隊や、消防、警察等については、政府が手を抜《ぬ》けない部分でしょう。

7　日本の活力を失わせている「許認可行政」

政府は「民間の活力を奪《うば》っている部分」を考え直すべきである

ただし、それ以外の民間の活力を奪《うば》っている部分、許認可行政で抑《おさ》え込《こ》んで自由にやらせないでいる部分は、考え直したほうがよいのではないでしょうか。そのあたりについては、とにかく遅《おく》らせるようなことばかりをして、企業家精神を殺していま す。さらに、民間のほうで経営責任を取り、リスクを取ってやっていこうとするものを〝押し殺す力〟を持っています。

ちなみに、愛媛《えひめ》県は最近、ある学園の問題で有名になりました。幸福の科学グループも〝大学問題〟を持っているので、あえて言うつもりはありませんが、

「自分たちでやりたいというのであれば、自分たちの責任でやらせたら、それでいい」と思うのです。

文科省が、「そんなに獣医《じゅうい》を増やしたら潰《つぶ》れるところが出る」とか、「そんなに要《い》らないのに増やしたら、採算が取れない」とか言うのは、やはりおかしいのではないでしょうか。形式だけを判断すればいいのです。認可とは、そういうことでしょう。あとの経営責任は、民間で取るべきだと思うのです。

例えば、当会のＨＳＵ（ハッピー・サイエンス・ユニバーシティ）では、税金からの補助金など一円ももらっていません。すべて自分たちで土地を買い、建物を建てています。それなのに、なぜ許認可について言われる必要がありましょうか。しかも、採算は黒字であり、補助金などまったく要らないのです。

一方、建設費用の半分に当たる九十六億円を補助金としてもらい、それでうまいこと採算も黒字にしようなどという某《ぼう》学園は、そもそも経営能力に問題があります。

ところが、HSUは一円も頼《たよ》っていないにもかかわらず、文科省は、「土地を買い、建物を建て、教員も雇《やと》い、すべての条件が揃《そろ》ってから、認可するかどうかを決める」というのです。こちらは先行投資させられているのに、あとから「こんなのは駄目《だめ》だ」と言われても遅《おそ》いでしょう。しかも、彼らがその責任を取ってくれるわけではありません。役人は毎年〝卒業〟していなくなるので、責任など取りはしないのです。

公務員が民間の一・五倍の給料なのに「増税」とは何事か

もちろん、すべての公務員を批判しているわけではありません。地方などでは活躍《かつやく》されている方も多いと思います。ただ、財政赤字の折、公務員が民間の一・五倍の給与《きゅうよ》や退職金をもらっておりながら、増税だけに頼っていくなどという経営のやり方はないでしょう。もう少し、非効率な部分や、民間の活力を抑えている部分は、直すべきです。例えば、銀行からお金を借りて事業ができない理由は、いろいろなことをなかなか自由にやらせてもらえないからです。これが、マイナスなのです。

「マイナス金利」に「マイナス行政」。これがあって、日本の活力は、二十数年間失われ続けているのです。

申し訳ないとは思いつつも、はっきり言えば、「自民党や民進党の勢力が、〝台風が通り過ぎたあと〟のようになってくれれば、日本は発展するのではないか」と思わざるをえません。

8　現在は、元寇《げんこう》、明治維新《いしん》に続く三番目の「国防の時代」

宗教が政治に繰《く》り出すのは、おかしいことではない

私たちは、幸福実現党を立てて、八年間活動してきました。立党当初（二〇〇九年）、「北朝鮮《きたちょうせん》の核《かく》ミサイル攻撃《こうげき》を防止する」と言ったのを、マスコミのほうは、「そんなのはバカバカしい」とか、「うさんくさい」とか思って見ていたのでしょう。

しかし、私が最初にその点について述べたのは、一九九四年なのです。第一作の映画である「ノストラダムス戦慄《せんりつ》の啓示《けいじ》」（製作総指揮・大

映画「ノストラダムス戦慄の啓示」（1994年公開／製作総指揮・大川隆法）

川隆法。一九九四年公開）でも、北朝鮮（作中では「北アジア共和国」）の核ミサイルについて取り上げ、危機を回避《かいひ》するために世界の人たちが祈《いの》っているシーンも描《えが》きました。また、東京ドームでの講演で、「北朝鮮の核開発を止《と》めなくてはいけない」と述べたのも、一九九四年です（七月十二日、御生誕祭《ごせいたんさい》での東京ドーム講演「異次元旅行」。『ユートピア創造論』〔幸福の科学出版刊〕所収）。

つまり、すでに二十三年前に指摘《してき》しているのです。その後もときどき述べましたが、二〇〇九年には、政党を立ててまで訴《うった》えたわけです。しかし、当時は、ほ

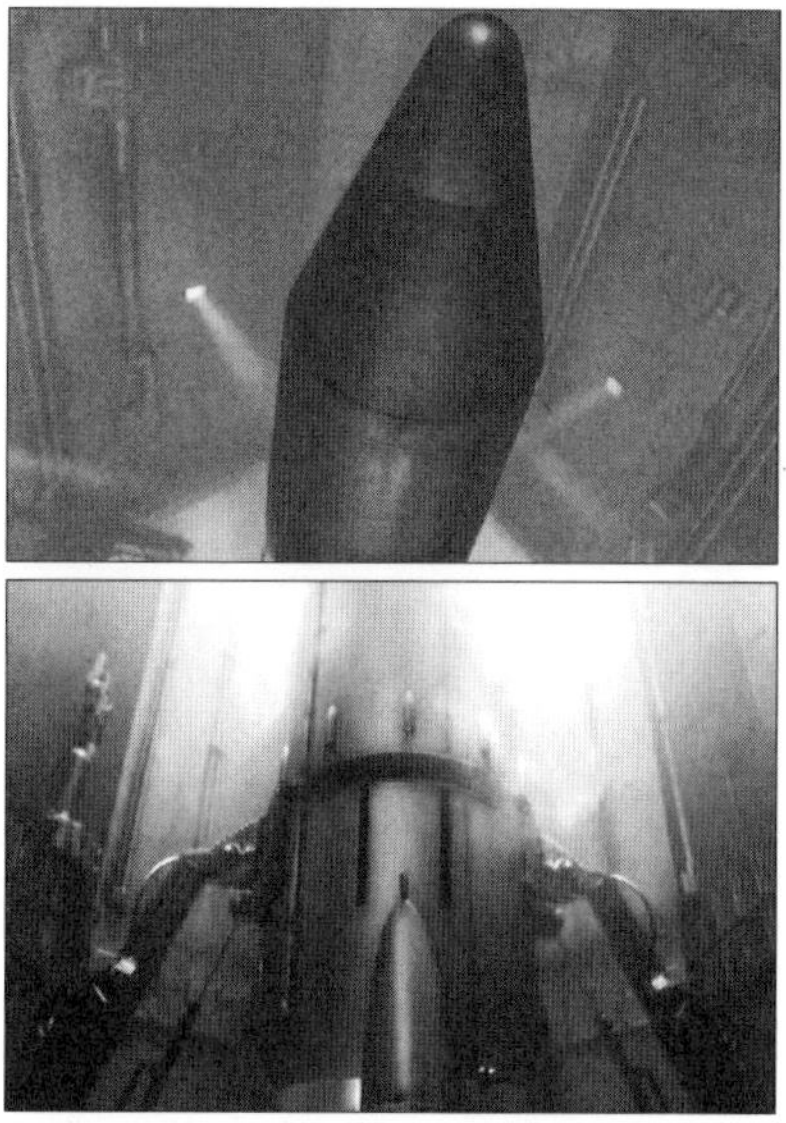

映画「ノストラダムス戦慄の啓示」のなかには、北朝鮮を想定した「北アジア共和国」が核ミサイルを日本に向けて発射しようとするシーン（上写真）が出てくる。

とんど相手にされませんでした。

ところが、今では、日本上空をミサイルが飛び、北海道や岩手、青森などでは、サイレンが鳴って〝防空演習〟をしています。ただ、サイレンが鳴り、「ミサイルが通過します」、「通過しました」、「堅固《けんご》な建物に避難してください」と警報が流れても、隠《かく》れるところがありません。

先日の青森での講演会でも述べましたが（第1章「あきらめない心」）、地元の人たちは、「避難のための警報はよいとしても、堅固な建物がいったいどこにあるのか」と言っていました。

「青森市内まで行けば、銀行の本店などがあるから、その地下金庫のなかにでも逃《に》げ込《こ》めば大丈夫《だいじょうぶ》かもしれないけれども、それ以外のところでは、防ぐことはほぼ不可能だ」という状態だったのです。「リンゴの木の下に隠れるぐらいしかない」とのことではありました（苦笑）。もちろん、穴を掘《ほ》って隠れたところで、大したことはないかもしれません。

ともかく、私たちは、北朝鮮のミサイル危機についてずいぶん前から警告しているのです。それをバカにしてきたことを反省してください。マスコミばかりではなく、国民も含《ふく》めてですが、しっかりと分かってほしいと思います。

やはり、「宗教が政治に繰《く》り出すのは悪いことだ」と、戦後の洗脳のままに言っているようでは、「北朝鮮化」しているでしょう。宗教がそこに出てくるのは、おかしいことではないのです。

今、日本に、「三番目の改革」が必要な時が来ている

鎌倉《かまくら》幕府があったおかげで、日本は「元寇《げんこう》」で滅《ほろ》ぼされる危機を、二回にわたって防ぐことができました。それは、武士政権があったからです。台風のおかげだけではありません。武士たちが勇《いさ》ましく戦ったからでしょう。北九州に全国の

武士が集まり、二カ月、三カ月と勇ましく戦っている間に台風が来たので、二回とも撃退できたのです。

明治維新《いしん》が起きた理由も、「国防」にあります。当時は、アジア諸国がほとんど欧米《おうべい》の植民地にされていました。そうしたなか、「このままではいけない。近代化して国の力を高めなければ、清《しん》国（中国）のようになるぞ」ということで、坂本龍馬《さかもとりょうま》や西郷隆盛《さいごうたかもり》たちが活躍《かつやく》して、国をもう一回つくり直すべく、大きな改革を行《おこな》ったのです。

そして今、三番目の改革が必要な時が来ています。その意味で、「今まで、これが長く続いているからいい」とか、「この人の顔をよく知っているからいい」とか、そんな根拠《こんきょ》だけで日本の政治を動かしてはならないということを、どうか肝《きも》に銘《めい》じてください。

やはり、自分たちでできることは、自分たちでやるべきなのです。

ちなみに最近、北朝鮮のミサイルについて、よくテレビに出て解説している元自衛艦隊《かんたい》のトップの方がいます。その方は徳島県出身で、私の家内《かない》（幸福の科学総裁補佐《ほさ》・大川紫央《しお》）にとっては脇町《わきまち》高校の先輩《せんぱい》に当たるのですが、その方の話によれば、「日本は本気になれば、一年あったら核開発ができます。日本の技術をもってしたら、一年で核ミサイルをつくれます」ということでした。

したがって、もし滅びたくないのであれば、アメリカに頼《たよ》りつつ、外交で一生《いっしょう》懸命《けんめい》にやっている間に、自分たちでやれるべきことはやったらいかがでしょうか。私はそれを提唱したいと思います。

やるべきことをやらずに滅びるなら、もうしかたがありません。ずいぶん前から警告はしているのですから、「以《もっ》て瞑《めい》すべし」でしょう。しかし、そうではなく、やるべきことはやりましょう。

北朝鮮が「主体《しゅたい》思想」を掲《かか》げていますが、私は、むしろ日本こそが〝主体思想〟を持つべきだと思います。

そして、「独立国家」として、「主権を持つ国家」として、世界の正義の一枚に加わり、国連常任理事国レベルのリーダーシップを持って世界の人々に意見が言えなければなりません。

それが、二十一世紀以降の日本の存在意義だと考えているので、ぜひとも、そちらの方向に持っていきたいと思います。

あとがき

日本という国は、まるで腑抜《ふぬ》けのような国家である。脳ミソのない、クラゲのような国家である。週刊誌の記事ぐらいで政治をやっているといってもよい。

もういいんじゃないか、こんな政党政治は。

国の財政を黒字化し、経済を二倍化し、北朝鮮を横綱相撲で土俵《どひょう》から投げ飛ばす。これができるのは、『幸福実現党』だけである。マスコミも続々つぶれていく中、この国もつぶれてしまってよいのか。

自分の国は自分で守れ。間違った経済政策で失われた希望は、正しい経済政策で打ち返せ。国民をだますな。正直な言葉の上に、この国の未来を築け。日本を滅ぼす政治は、もう終わりにしよう。

二〇一七年　九月二十日

幸福《こうふく》の科学《かがく》グループ創始者兼総裁《そうししゃけんそうさい》
幸福実現党創立者兼総裁《こうふくじつげんとうそうりつしゃけんそうさい》　大川隆法《おおかわりゅうほう》

『自分の国は自分で守れ』大川隆法著作関連書籍

『幸福実現党宣言』（幸福の科学出版刊）
『日本の繁栄は、絶対に揺るがない』（同右）
『忍耐の時代の経営戦略』（同右）
『ユートピア創造論』（同右）
『永遠なるものを求めて』（同右）
『緊急守護霊インタビュー 金正恩 vs. ドナルド・トランプ』（同右）
『ダイアナ元皇太子妃のスピリチュアル・メッセージ』（同右）
『戦後保守言論界のリーダー 清水幾太郎の新霊言』（同右）

自分《じぶん》の国《くに》は自分《じぶん》で守《まも》れ
――「戦後政治」の終わり、「新しい政治」の幕開け――

2017年9月21日　初版第1刷
2017年10月8日　第4刷

著　者　大《おお》川《かわ》隆《りゅう》法《ほう》

発行所　幸福の科学出版株式会社
〒107-0052 東京都港区赤坂2丁目10番14号
TEL(03)5573-7700
http://www.irhpress.co.jp/

印刷・製本　株式会社 研文社

落丁・乱丁本はおとりかえいたします

ISBN978-4-86395-942-2 C0030
写真：朝鮮通信＝時事／AFP＝時事

大川隆法 霊言シリーズ・世界の政治指導者の本心

緊急守護霊インタビュー
金正恩 vs. ドナルド・トランプ

英語霊言
日本語訳付き

二人の守護霊を直撃。挑発を繰り返す北朝鮮の「シナリオ」とは。米大統領の「本心」と「決断」とは。北朝鮮情勢のトップシークレットが、この一冊に。

1,400円

守護霊インタビュー
ドナルド・トランプ アメリカ復活への戦略

英語霊言
日本語訳付き

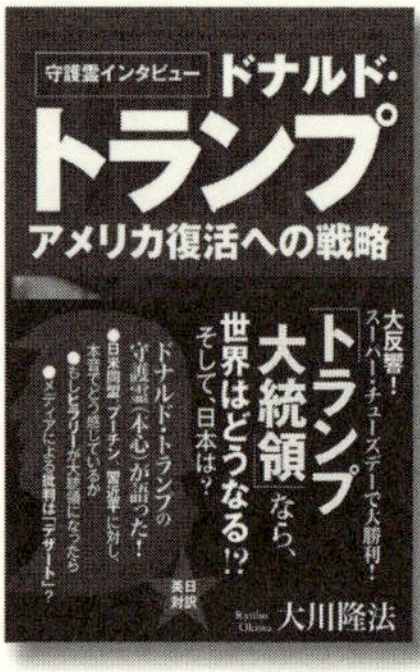

過激な発言で「トランプ旋風」を巻き起こした選挙戦当時、すでにその本心は明らかになっていた。トランプ大統領で世界がどう変わるかを予言した一冊。

1,400円

危機の中の北朝鮮 金正恩の守護霊霊言

北朝鮮は本当にアメリカと戦うつもりなのか？　追い詰められた「独裁者の本心」と「対トランプ戦略」３つのシナリオが明らかに。そのとき日韓は？

1,400円

※表示価格は本体価格（税別）です。

大川隆法 霊言シリーズ・世界の政治指導者の本心

ロシアの本音 プーチン大統領守護霊 vs.大川裕太

「安倍首相との交渉は、〝ゼロ〟に戻った」。日露首脳会談が失敗に終わった真相、そして「日露平和条約締結」の意義をプーチン守護霊が本音で語る。

1,400円

文在寅《ムンジェイン》 韓国新大統領守護霊インタビュー

韓国が「東アジアの新たな火種」となる!? 文在寅新大統領の驚くべき本心と、その国家戦略が明らかに。「ムッソリーニの霊言」を特別収録。

1,400円

中国と習近平に未来はあるか

反日デモの謎を解く

「反日デモ」も、「反原発・沖縄基地問題」も中国が仕組んだ日本占領への布石だった。緊迫する日中関係の未来を習近平氏守護霊に問う。【幸福実現党刊】

1,400円

大川隆法ベストセラーズ・日本の取るべき道を示す

永遠なるものを求めて

人生の意味とは、国家の理想とは

北朝鮮のミサイルに対し何もできない"平和ボケ日本"にNO！人間としての基本的な生き方から、指導者のあり方、国家のあり方までを最新提言。

1,500円

繁栄への決断

「トランプ革命」と日本の「新しい選択」

TPP、対中戦略、ロシア外交、EU危機……。「トランプ革命」によって激変する世界情勢のなか、日本の繁栄を実現する「新しい選択」とは？

1,500円

トランプ新大統領で世界はこう動く

英語説法
日本語訳付き

日本とアメリカの信頼関係は、再び"世界の原動力"となる――。トランプ勝利を2016年1月時点で明言した著者が示す2017年以降の世界の見取り図。

1,500円

幸福の科学出版

資本主義の未来

来たるべき時代の「新しい経済学」

なぜ、ゼロ金利なのに日本経済は成長しないのか？ マルクス経済学も近代経済学も通用しなくなった今、「未来型資本主義」の原理を提唱する！

2,000円

未来へのイノベーション

新しい日本を創る幸福実現革命

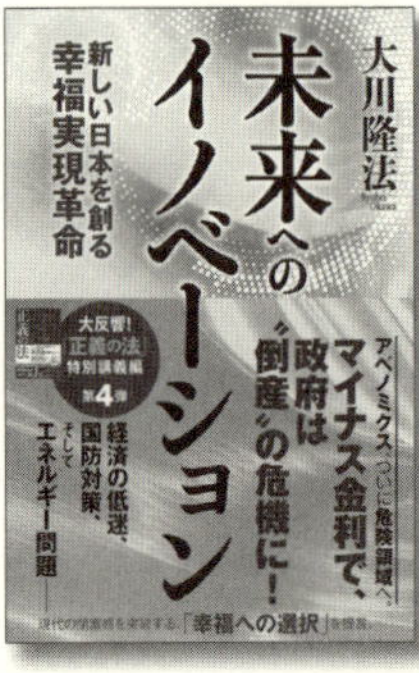

経済の低迷、国防危機、反核平和運動……。「マスコミ全体主義」によって漂流する日本に、正しい価値観の樹立による「幸福への選択」を提言。

1,500円

正義と繁栄

幸福実現革命を起こす時

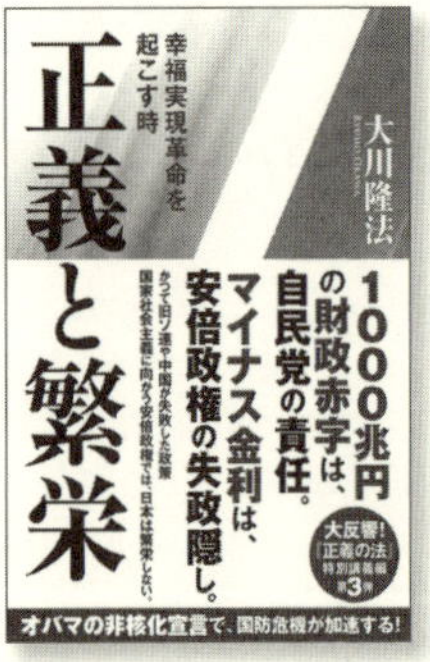

「マイナス金利」や「消費増税の先送り」は、安倍政権の失政隠しだった!?国家社会主義に向かう日本に警鐘を鳴らし、真の繁栄を実現する一書。

1,500円

※表示価格は本体価格（税別）です。

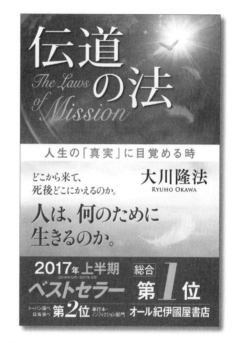

幸福の科学グループのご案内

宗教、教育、政治、出版などの活動を通じて、地球的ユートピアの実現を目指しています。

幸福の科学

一九八六年に立宗。信仰の対象は、地球系霊団の最高大霊、主エル・カンターレ。世界百カ国以上の国々に信者を持ち、全人類救済という尊い使命のもと、信者は、「愛」と「悟り」と「ユートピア建設」の教えの実践、伝道に励んでいます。

（二〇一七年十月現在）

愛

幸福の科学の「愛」とは、与える愛です。これは、仏教の慈悲《じひ》や布施《ふせ》の精神と同じことです。信者は、仏法真理をお伝えすることを通して、多くの方に幸福な人生を送っていただくための活動に励んでいます。

悟り

「悟り」とは、自らが仏の子であることを知るということです。教学《きょうがく》や精神統一によって心を磨き、智慧《ちえ》を得て悩みを解決すると共に、天使・菩薩《ぼさつ》の境地を目指し、より多くの人を救える力を身につけていきます。

ユートピア建設

私たち人間は、地上に理想世界を建設するという尊い使命を持って生まれてきています。社会の悪を押しとどめ、善を推し進めるために、信者はさまざまな活動に積極的に参加しています。

国内外の世界で貧困や災害、心の病で苦しんでいる人々に対しては、現地メンバーや支援団体と連携して、物心両面にわたり、あらゆる手段で手を差し伸べています。

年間約３万人の自殺者を減らすため、全国各地で街頭キャンペーンを展開しています。

公式サイト **www.withyou-hs.net**

ヘレン・ケラーを理想として活動する、ハンディキャップを持つ方とボランティアの会です。視聴覚障害者、肢体不自由な方々に仏法真理を学んでいただくための、さまざまなサポートをしています。

公式サイト **www.helen-hs.net**

入会のご案内

幸福の科学では、大川隆法総裁が説く仏法真理《ぶっぽうしんり》をもとに、「どうすれば幸福になれるのか、また、他の人を幸福にできるのか」を学び、実践しています。

入会

仏法真理を学んでみたい方へ

大川隆法総裁の教えを信じ、学ぼうとする方なら、どなたでも入会できます。入会された方には、『入会版「正心法語」』が授与されます。

三帰《さんき》誓願《せいがん》

信仰をさらに深めたい方へ

仏弟子としてさらに信仰を深めたい方は、仏《ぶっ》・法《ぽう》・僧《そう》の三宝《さんぽう》への帰依を誓う「三帰誓願式」を受けることができます。三帰誓願者には、『仏説・正心法《しょうしんほう》語《ご》』『祈願文《きがんもん》①』『祈願文②』『エル・カンターレへの祈り』が授与されます。

幸福の科学 サービスセンター
TEL 03-5793-1727 （受付時間／火～金：10～20時 土・日祝：10～18時）

幸福の科学 公式サイト
happy-science.jp

教育

ハッピー・サイエンス・ユニバーシティ
Happy Science University

ハッピー・サイエンス・ユニバーシティとは

ハッピー・サイエンス・ユニバーシティ（ＨＳＵ）は、大川隆法総裁が設立された
「現代の松下村塾」であり、「日本発の本格私学」です。
建学の精神として「幸福の探究と新文明の創造」を掲げ、
チャレンジ精神にあふれ、新時代を切り拓く人材の輩出を目指します。

学部のご案内

人間幸福学部

人間学を学び、新時代を切り拓くリーダーとなる

経営成功学部

企業や国家の繁栄を実現する、起業家精神あふれる人材となる

未来産業学部

新文明の源流を創造するチャレンジャーとなる

HSU長生キャンパス
〒299-4325
千葉県長生郡長生村一松丙 4427-1
TEL 0475-32-7770

未来創造学部

時代を変え、未来を創る主役となる

政治家やジャーナリスト、ライター、俳優・タレントなどのスター、映画監督・脚本家などのクリエーター人材を育てます。４年制と短期特進課程があります。

・４年制
１年次は長生キャンパスで授業を行い、２年次以降は東京キャンパスで授業を行います。

・短期特進課程（２年制）
１年次・２年次ともに東京キャンパスで授業を行います。

HSU未来創造・東京キャンパス
〒136-0076
東京都江東区南砂2-6-5
TEL 03-3699-7707

学校法人
幸福の科学学園

学校法人 幸福の科学学園は、幸福の科学の教育理念のもとにつくられた教育機関です。人間にとって最も大切な宗教教育の導入を通じて精神性を高めながら、ユートピア建設に貢献する人材輩出を目指しています。

幸福の科学学園

中学校・高等学校(那須本校)
2010年4月開校・栃木県那須郡(男女共学・全寮制)
TEL **0287-75-7777**
公式サイト **happy-science.ac.jp**

関西中学校・高等学校(関西校)
2013年4月開校・滋賀県大津市(男女共学・寮及び通学)
TEL **077-573-7774**
公式サイト **kansai.happy-science.ac.jp**

仏法真理塾「サクセスNo.1」 TEL **03-5750-0747**(東京本校)
小・中・高校生が、信仰教育を基礎にしながら、「勉強も『心の修行』」と考えて学んでいます。

不登校児支援スクール「ネバー・マインド」 TEL **03-5750-1741**
心の面からのアプローチを重視して、不登校の子供たちを支援しています。
また、障害児支援の**「ユー・アー・エンゼル!」運動**も行っています。

エンゼルプランV TEL **03-5750-0757**
幼少時からの心の教育を大切にして、信仰をベースにした幼児教育を行っています。

シニア・プラン21 TEL **03-6384-0778**
希望に満ちた生涯現役人生のために、年齢を問わず、多くの方が学んでいます。

NPO
活動支援

いじめから子供を守ろうネットワーク

学校からのいじめ追放を目指し、さまざまな社会提言をしています。また、各地でのシンポジウムや学校への啓発ポスター掲示等に取り組む一般財団法人「いじめから子供を守ろうネットワーク」を支援しています。

ブログ **blog.mamoro.org**
公式サイト **mamoro.org**
相談窓口 **TEL.03-5719-2170**